Helga Brehm
Unser Hund ist krank

W0087420

Dr. med. vet. Helga Brehm

Unser Hund ist krank

vorbeugen, erkennen, helfen

Franckh-Kosmos

Impressum

Mit 15 Farbaufnahmen von Gorski (1; S. 56), Ingeborg's Animals (2; S. 17), Werner Layer (1; S. 35 oben), S. Kirsch / S. Schaible (2; S. 38 oben und 55 oben) und der Autorin (9) sowie 19 Schwarzweißzeichnungen von Rainer Benz (1; S. 59), Marianne Golte-Bechtle (1; S. 45), Eva Hohrath (2; S. 31 und 33), Milada Krautmann (6; S. 1, 11, 20, 27, 40, 62), Schwanke & Raasch (8) und Darja Süßbier (1, S. 34).

Alle Angaben in diesem Buch sind sorgfältig geprüft und geben den neuesten Wissensstand bei der Veröffentlichung wieder. Da sich das Wissen aber laufend weiterentwickelt und vergrößert, muß jeder Anwender prüfen, ob die Angaben nicht durch neuere Erkenntnisse überholt sind. Dazu muß er zum Beispiel bei Behandlungsvorschlägen den Tierarzt konsultieren, Beipackzettel zu Medikamenten lesen, Gebrauchsanweisungen und Gesetze beachten.

Umschlaggestaltung von Creativ GmbH Ulrich Kolb, Leutenbach, unter Verwendung zweier Farbdias von Ingeborg's Animals / H. Grell (Vorderseite) und Eva-Maria Krämer (Rückseite).
Die Umschlagvorderseite zeigt einen Rauhhaardackel, die Rückseite einen Bearded Collie.

Die Deutsche Bibliothek –
CIP-Einheitsaufnahme

Brehm, Helga:
Unser Hund ist krank : vorbeugen, erkennen, helfen / Helga Brehm. – Stuttgart : Franckh-Kosmos, 1991
    ISBN 3-440-06236-8

© 1991, Franckh-Kosmos Verlags-GmbH & Co., Stuttgart
Alle Rechte vorbehalten
LH 14 WO rr / ISBN 3-440-06236-8
Printed in Germany / Imprimé en Allemagne
Satz: G. Müller, Heilbronn
Herstellung: Huber KG, Dießen

Unser Hund ist krank

Einleitung ———————— 7

Symptome des Krankseins ——— 8
Verhaltensänderungen ————— 8
Konditionsänderungen ————— 8
Bewegungsstörungen und
   Änderungen der
   Körperhaltung ——————— 9
Veränderungen im Körperbau —— 9
Veränderungen bei der Futter-
   und Wasseraufnahme ———— 10
Veränderungen der Sekrete
   und Exkrete ——————— 11

**Behandlung des kranken
   Hundes** ————————— 13
Beißschutz ————————— 13
Fiebermessen ———————— 14
Eingabe von Medikamenten —— 15
Verhinderung der
   Selbstbeschädigung ———— 16
Hausapotheke ———————— 17

Erste Hilfe ————————— 21
Grundregeln für eine
   Notfallsituation —————— 21
Atmung —————————— 21
Herz-Kreislauf-System ———— 22
Verkehrsunfall ———————— 22
Anleinen des Hundes ———— 22
Untersuchung des Hundes —— 24
Blutungen ————————— 24
Knochenbrüche ——————— 24
Beißereien ————————— 25
Lähmungen ————————— 26

Insektenstiche ———————— 26
Vergiftungen ———————— 26

Vorbeugung und Hygiene ——— 28
Impfungen ————————— 28
Staupe —————————— 28
*Ansteckende
   Leberentzündung* ————— 28
Parvovirose ———————— 29
Tollwut —————————— 29
Leptospirose ———————— 29
Zwingerhusten ——————— 29
Impfplan ————————— 30
Entwurmung ———————— 30
Spulwürmer ———————— 31
Hakenwürmer ——————— 31
Peitschenwürmer —————— 32
Bandwürmer ———————— 32
Haut- und Haarkleid ————— 32
Ohren —————————— 34
Zähne —————————— 39
Fütterung ————————— 39

Organkrankheiten ————— 41
Haut- und Haarkleid ————— 41
Fellveränderungen ————— 41
Hautentzündungen ————— 41
Parasitenbefall ——————— 42
Augen —————————— 44
Ohren —————————— 46
Atmungsorgane ——————— 46
Herz —————————— 47
Verdauungsorgane —————— 48
Mundhöhle ———————— 48
Rachen —————————— 48

Inhalt

Fremdkörper —————— 48
Magen —————— 49
Darm —————— 50
Harnapparat —————— 51
Geschlechtsorgane —————— 51
Männliche
Geschlechtsorgane —————— 51
Weibliche
Geschlechtsorgane —————— 52
Läufigkeitsverhinderung —————— 53
Fehldeckung —————— 57
Trächtigkeit und Geburt —————— 57
Milchdrüse —————— 58

Skelettsystem —————— 58
Knochenwachstumsstörungen — 58
Fehlentwicklung von
Gelenken —————— 58
Lahmheiten —————— 60
Wirbelsäulenerkrankungen —— 60

Der Tierarzt oder die Tierärztin
Ihrer Wahl —————— 62

Literatur —————— 63

Register —————— 63

Einleitung

Früher oder später wird jede Krankheit Ihres Hundes sichtbar. Sind es erste Anzeichen, oder sind es bereits die Folgen einer inneren Erkrankung? Viel hängt von der Aufmerksamkeit des Besitzers ab. Wenn er seinem Tier die notwendige Zuwendung schenkt, wird er normalerweise jede Veränderung im Benehmen, bei der Nahrungsaufnahme, in der Körperhaltung, der Atmung usw. sofort wahrnehmen und sich seine Gedanken machen.

Sicher wäre es falsch, bei jeder sich bietenden Gelegenheit gleich Schlimmstes zu vermuten und im Geiste die Liste aller bekannten Krankheiten durchzugehen; nützlich ist es aber, wenn in solchen Fällen für einige Tage die Beobachtung etwas gezielter vorgenommen wird und vielleicht die Familienangehörigen informiert werden, damit der Hund ständig und auch noch mit verschiedenen Augen beobachtet wird.

Schließlich gilt für jede Erkrankung: Je früher sie erkannt wird, desto besser kann man sie behandeln.

Nicht zuletzt verläßt sich auch der Tierarzt darauf, daß Sie ihm im Falle eines Falles einen möglichst genauen Vorbericht geben können, bevor er zur Untersuchung schreitet. Wenn sonst der Hund »die Stimme seines Herrn« ist, sind Sie als Frauchen oder Herrchen im Krankheitsfall seine – und zwar seine einzige – Stimme!

Machen Sie sich ruhig gleich Notizen, wenn Ihnen etwas negativ auffällt; ein paar Tage später weiß man es sonst schon nicht mehr so genau, und drei Wochen später, beim Tierarzt, hat man dieses oder jenes Anzeichen ganz vergessen und erinnert sich nicht mehr, wann eigentlich was passiert ist. Sorgfalt und Genauigkeit der Beobachtung sind jedenfalls die beste Vorbereitung für einen Tierarztbesuch.

Worauf kann nun der Tierhalter besonders achten?

Symptome des Krankseins

Verhaltensänderungen

Als erstes fällt dem Besitzer eine Veränderung im Verhalten des Hundes auf. Wenn Frauchen oder Herrchen zur Leine greift, rennt das Tier nicht gleich zur Tür, sondern bleibt auf seinem Platz liegen, kommt nur langsam bzw. nach mehreren Aufforderungen zum Besitzer und signalisiert dadurch, daß es ihm viel lieber wäre, sich zu Hause auszuruhen. Diese Verhaltensänderung kann man bei der Hündin ca. 8 Wochen nach der Läufigkeit beobachten, wenn sie scheinträchtig ist. Oder sie kann ein Hinweis auf Erkrankungen des Skelettsystems, wie z.B. Dackellähme oder eine Arthrose, sein.

Auch ruheloses Hin- und Herlaufen oder häufiger Stellungswechsel beim Aufsuchen der Ruheposition können Anzeichen einer Erkrankung sein. Dieses Verhalten kann auftreten bei Herzschäden oder kolikartigen Schmerzen im Verlauf von Harnwegserkrankungen oder bei Erkrankungen des Magen-Darm-Traktes. Fällt Ihnen so etwas auf, achten Sie auf weitere Erscheinungen wie Durchfall, häufigen Harnabsatz, evtl. mit Blutbeimischung, oder Erbrechen.

Belecken von Körperteilen – stärker als es der normale Putztrieb mit sich bringt, bis hin zum Benagen und Beißen – zeigt der Hund z.B. bei kleinen Verletzungen und Hauterkrankungen. Vermehrtes Kratzen an den Ohren oder an bestimmten Hautpartien kann Juckreiz andeuten und tritt z.B. bei Ohrenentzündungen oder Parasitenbefall der Haut oder bei Allergien auf. Winseln oder Aufschreien bei bestimmten Bewegungen sind deutliche Anzeichen von Erkrankungen und können plötzlich auftreten, z.B. bei Bandscheibenvorfällen, Verstauchungen oder Bänderrissen. Meistens folgen deutliche Lahmheitserscheinungen.

Konditionsänderungen

Sie bemerken z.B. einen Leistungsabfall Ihres Hundes. Normalerweise läuft er auch noch nach zwei- bis dreistündigem Spaziergang lustig vorneweg, jagt spielerisch nach Stöckchen oder apportiert den geworfenen Ball. Doch jetzt trottelt er bereits nach einer halben Stunde gemütlich neben Ihnen her und nützt ein Verweilen Ihrerseits gleich dazu, sich ebenfalls hinzulegen und auszuruhen. Eine solche Verhaltensänderung bei gleichzeitig auftretendem Fieber ist ein Hinweis auf eine Infektionskrankheit. Wenn weitere Anzeichen wie beschleunigte Atmung, Dunkelfärbung der Zunge oder Husten, erkennbar sind, spricht dies für eine Erkrankung des Herzens. Aber auch bei Arthrosen, z.B. in den Hüftgelenken, meidet der Hund zuerst starke Belastung, und erst bei Fortschreiten der Erkrankung stellt sich eine typische Lahmheit ein.

Bewegungsstörungen, Änderungen der Körperhaltung

Verkürzter Schritt, Hinken oder Schonung einer Gliedmaße sind deutliche Hinweise für Anomalien des Bewegungsapparates. Bei plötzlichem Auftreten kann als Ursache eine Verletzung des Ballens durch einen Fremdkörper, ein Bänderriß im Gelenk, ein Muskelriß oder ein Knochenbruch in Frage kommen.
Nackensteife oder aufgekrümmter Rücken können Anzeichen für eine Wirbelsäulenerkrankung sein. Meist ist die Ursache ein Bandscheibenschaden und wird von deutlichen Schmerzäußerungen begleitet.
Aber auch Schäden an inneren Organen können Gang und Haltung beeinflussen. Beispielsweise krümmen die Hunde bei akuten Nierenentzündungen den Rücken nach oben. Hunde mit Tumoren in der Bauchhöhle zeigen einen steifen Gang.
Hat Ihr Hund Stehohren, die jetzt schräg nach außen gestellt werden? Dies ist ein Hinweis für eine Ohrenentzündung.
Hält er den Kopf schief, oder kann er das Gleichgewicht nicht halten? Dann ist mit einer Erkrankung des Innenohrs bzw. des Gehirns zu rechnen.
Nimmt Ihr Hund beim Schlafen nicht mehr eine entspannte Seitenlage ein, sondern liegt hauptsächlich auf dem Brustbein mit erhöhtem Kopf? Diese Haltung spricht für Atemnot und gibt Hinweise auf eine Herzschwäche oder einen Lungenschaden.

Veränderungen im Körperbau

Abmagerung bei normaler oder sogar gesteigerter Futteraufnahme sind deutliche Anzeichen für eine Krankheit und können als Ursache z.B. Wurmbefall, Diabetes oder einen Mangel an Verdauungsenzymen haben.
Starker Fettansatz macht Hunde faul und schwerfällig und kann ein Hinweis auf falsche Fütterung sein. Auch eine innere Erkrankung ist denkbar. Häufige Ursache für den Fettansatz sind hormonelle Störungen, die auch mit Verände-

rungen des Haarkleides, z.B. Haarausfall, einhergehen können.

Eine Zunahme des Bauchumfanges bei gleichzeitiger Abmagerung sollte als ernstes Krankheitszeichen gewertet werden und tritt z.B. bei eitriger Gebärmutterentzündung der Hündin, bei Tumoren in der Bauchhöhle oder bei Herzschwäche mit Wasseransammlung in der Bauchhöhle auf.

Verformungen der Gliedmaßen sind als Wachstumsstörung bei Junghunden häufig zu beobachten. Die Ursache sollte vom Tierarzt festgestellt werden, damit durch eine veränderte Fütterung noch korrigierend eingegriffen werden kann.

Veränderungen des Haarkleides und der Haut treten nicht nur bei Erkrankungen der Haut selbst auf. Sie sind oft Hinweise auf eine Schwächung innerer Organe. So kann Haarausfall bei Räude und Pilzbefall auftreten, aber auch Folge einer Thalliumvergiftung bzw. einer Unterfunktion der Schilddrüse sein.

Veränderungen bei der Futter- und Wasseraufnahme

Verminderter Freßlust bei einem üblicherweise guten Fresser sollten Sie Beachtung schenken. Meist wird erst noch Fleisch aufgenommen, während Flocken und dergleichen übriggelassen werden. Schließlich wird die Nahrungsaufnahme ganz verweigert. Dies kann als Folge von Magen-Darm-Krankheiten auftreten. Möglicherweise geht der Hund noch interessiert zum Futternapf, beschnuppert das Futter, wendet sich dann ab und verweigert die Nahrung. Dieses Verhalten kann man bei Erkrankungen der Leber oft beobachten.

Widernatürlicher Appetit, das heißt Aufnehmen von Stoffen, die nicht zur normalen Nahrung des Hundes gehören, ist ein Krankheitssymptom. Gras fressen Hunde gerne, die Probleme mit dem Magen haben. Erde oder Kot wird z.B. bei Vitamin- oder Mineralstoffmangel aufgenommen.

Bei Erkrankungen des Gehirns, wie z.B. der Tollwut, wird das Fressen von Holz, Steinen etc. beobachtet.

Frißt der Hund sein Futter mit Appetit und erbricht einen Teil davon oder das gesamte Futter zu unterschiedlichen Zeiten nach der Futteraufnahme, kann das auf Reizzustände des Magen-Darm-Traktes, Fremdkörper, Darmverschluß, Vergiftung oder Erkrankung anderer innerer Organe, etwa der Leber, zurückgeführt werden. Jedenfalls sollte der Besitzer – auch wenn das unangenehm sein mag – der Beschaffenheit des Erbrochenen Beachtung schenken und es auf Beimengungen, wie Fremdkörper, Blut, Würmer usw., untersuchen.

Auch Veränderungen in der Flüssigkeitsaufnahme, wie vermehrter Durst, sollten gewissenhaft beobachtet werden. Die Ursache dafür kann harmlos sein, wenn es sich etwa um die Reaktion auf ein geändertes Futter handelt; aber es ist auch Schlimmeres denkbar, wie z.B. eine Nierenschädigung oder die Zuckerkrankheit.

den Besitzer zu einer Untersuchung der Zähne veranlassen. Ursächlich kommen starker Zahnsteinbelag oder Futterreste zwischen den Zähnen in Frage. Auch Fremdkörper – Holzstücke oder Knochen, die zwischen den Zähnen eingeklemmt sind – können derartige Symptome hervorrufen.

Veränderungen der Sekrete und Exkrete

Eine Ansammlung von Ohrschmalz in der Ohrmuschel läßt auf eine Überproduktion schließen; die Ursache sollte abgeklärt werden. Möglich ist eine Entzündung des Gehörganges aufgrund von Ohrmilbenbefall oder ein Fremdkörper.
Wenn vermehrter Tränenfluß oder Nasenausfluß bemerkt wird, so ist die Farbe und Konsistenz des Sekretes ein wichtiger Hinweis auf Erkrankungen. Tritt dieser vermehrte Sekretfluß mit häufigem Niesen oder kombiniert mit Fieber auf, so ist an eine Infektionskrankheit zu denken. Einseitiger Nasenausfluß läßt eher auf einen Fremdkörper oder Tumor in der Nasenhöhle schließen.
Vermehrter Speichelfluß ist bei Entzündungen des Mundes und des Rachens eine häufige Erscheinung. Speichelfluß, verbunden mit üblem Geruch, sollte

Durchfall und Verstopfung nehmen wir, da sie häufiger einmal vorkommen, leider nicht ernst genug. Auch Veränderungen in der Frequenz des Kotabsatzes stellen häufig Hinweise für eine Erkrankung dar. Häufiger Kotabsatz tritt etwa bei Entzündungen des Mastdarmes auf. Seltener Kotabsatz kann als Ursache z. B. Fremdkörper oder Knochenfütterung haben. Kotabsatzstörungen treten jedoch auch bei Lähmungen, beispielsweise beim Bandscheibenvorfall, auf.

Farbe und Konsistenz des Kotes ist natürlich nahrungsabhängig. Wenn Unregelmäßigkeiten auftreten, sollte der Besitzer neben Farbe und Konsistenz auch auf Beimengungen wie Fremdkörper, Knochensplitter, Parasiten oder Blut achten.

Was ist zu tun, wenn ein stubenreiner Hund plötzlich den Harn über Nacht nicht mehr halten kann? Beobachten Sie bitte, ob sein Verhalten auch tagsüber ungewöhnlich ist. Erschwerter Harnabsatz, oft nur tropfenweise oder mit Schmerzäußerungen verbunden, ist Hinweis für eine Erkrankung der Harnblase oder beim Rüden auch für eine Erkrankung der Prostata. Fehlender Harnabsatz bei bestehendem Harndrang kann auf Harnsteine hindeuten. Auch die Harnmenge und die Farbe des Harns, soweit sie der Besitzer beurteilen kann, sollten einer regelmäßigen Kontrolle unterliegen.

Bei der Hündin sollte der Scheidenausfluß vom Besitzer beobachtet werden. So können Sie eine Störung beim Ablauf der Läufigkeit frühzeitig erkennen. Eitriger Ausfluß ist ein ernsthaftes Symptom für eine Gebärmutterentzündung.

Bitte vergleichen Sie Ihre Beobachtungen immer mit den »Normalwerten« Ihres Hundes. Wenn Ihr Hund nicht freudig zum Spazierengehen bereit ist, so kann das auch am schlechten Wetter liegen. Aus Erfahrung weiß ich, daß es Hunde gibt, die bei Regenwetter nur rausgehen, wenn sie ganz dringend ihr Geschäft verrichten müssen.

Verringerte Freßlust kann auch auf Trauer zurückzuführen sein. Oder das vorgesetzte Futter schmeckt dem Hund nicht, und er will mit der Nahrungsverweigerung nur dagegen protestieren.

Beim erwachsenen Hund wird es dem Besitzer sicher leichterfallen, die Veränderungen zu bemerken und einzuschätzen, wenn das Tier in der Familie aufgewachsen ist und sein Charakter und seine Eigenheiten bekannt sind. Bei jungen Tieren ist die Beurteilung des Verhaltens nicht ganz so einfach, aber fast noch wichtiger. Fragen Sie deshalb bei Unsicherheit lieber gleich den Züchter oder den Tierarzt.

Behandlung des kranken Hundes

Eine »Behandlung« des Hundes durch den Besitzer heißt natürlich genausoviel und so wenig, wie es bei uns Menschen auch empfehlenswert ist: Diagnose und Therapie ist Sache des Arztes; der Hundehalter kann die verschriebenen Tabletten eingeben, Tropfen verabreichen und Salben einreiben. Bei der Wundpflege, beim Verbandwechsel oder gar bei der Spritze hört allerdings die Eigenleistung auf.

Die Voraussetzung für die Versorgung eines kranken Hundes ist das natürliche Vertrauensverhältnis zwischen dem Tier und dem Besitzer. Gerade kranke und von Schmerzen gepeinigte Hunde zeigen ein verändertes Verhalten. Deshalb sollten gewisse Handgriffe schon beim gesunden Hund spielerisch geübt werden, damit die Situation im Ernstfall für beide, den Besitzer und das Tier, bekannt ist.

Wirken Sie bei jeder zu ergreifenden Maßnahme beruhigend auf den Hund ein, und bleiben Sie konsequent. Die Behandlung Ihres Tieres kann z. T. lebenserhaltend sein und muß oft über lange Zeit oder lebenslang durchgeführt werden. Eine Belohnung in Form von überschwenglichem Lob oder einem Leckerbissen trainiert den Hund.

Beißschutz

Auch der besterzogene Hund kann durch Schmerzen oder Schock zum Schnappen neigen. Ist der Hund beim einfachen Zuhalten der Schnauze zu unruhig, sollte man ihm einen Maulkorb oder ein Band um den Fang legen. Mit der Leine, einer Binde oder zur Not einer Krawatte wird eine Achterschlinge gelegt. Dazu wird die Schlaufe um die Schnauze geführt und auf dem Nasenrücken gebunden, die Enden werden um den Hals gelegt und dort zur Schleife verknotet. Nicht angewendet werden darf diese Methode bei Hunden, die unter Atemnot leiden, oder bei kurzschnäuzigen Rassen, da dort diese Zwangsmaßnahme zur Atemnot führen kann. Bei diesen Tieren ist zur Unterstützung zusätzlich eine Vertrauensperson nötig. Sie sollte zunächst sich selbst beherrschen und ihre Erregung unterdrücken, denn diese überträgt sich auf den Hund. Nachdem der Hund durch beruhigendes Zureden besänftigt ist, wird mit einem kräftigen Griff mit beiden Händen im Nacken der Hundekopf fixiert. Die zweite Person kann jetzt unverzüglich mit der Behandlung oder Untersuchung beginnen.

13

Krankenpflege

Bei kurzschnäuzigen Hunden nie die Schnauze zubinden, sondern den Kopf mit beiden Händen im Nacken gut festhalten.

Fiebermessen

Am besten hält eine Hilfsperson den Kopf des Hundes, während eine zweite Person das eingefettete Fieberthermometer in den Enddarm einführt. Mit dem üblichen Quecksilberthermometer sollte 3 Minuten die Temperatur gemessen werden. Während dieser Zeit müssen das Thermometer gut festgehalten und eventuelle Abwehrbewegungen des Hundes durch ruhiges Zureden verhindert werden.

Durch die modernen Digitalthermometer läßt sich die Meßzeit erheblich verkürzen. Auch sind diese Thermometer bedeutend dünner; somit sind sie auch für Kleinhunde gut zu benützen.
Temperaturen zwischen 38,5 und 39°C bei kleinen Hunderassen und 37,5 und 38,5°C bei großen Hunderassen sind als normal anzusehen. Je kleiner ein Hund, umso höher die Temperatur, auch jüngere Hunde haben eine höhere Temperatur als ältere Tiere.
Die Körpertemperatur sollte immer in Ruhe gemessen werden, denn Aufregung, Hitze oder vorangegangene Fütterung führen zu höheren Temperaturen.

Eingabe von Medikamenten

Die Verabreichung von **Tabletten, Kapseln oder Dragées** kann auf verschiedene Weise erfolgen. Bei Hunden, die gierig fressen, kann die Arznei unter das Futter gemischt werden, doch die meisten Hunde sortieren sie aus, so daß zuletzt nur noch das Medikament in der Futterschüssel liegt. Überlisten kann man viele Hunde, indem man die Tablette in einer Kugel aus Leberwurst verpackt, oder in ein Stückchen Wurst eine Tasche schneidet, das Medikament versteckt und den Wursthappen als Leckerbissen – begleitet von lobenden Worten – dem Hund anbietet.

Ist auch dies erfolglos, so kann man die Medikamente direkt in die Mundhöhle einbringen. Dazu faßt man mit der linken Hand die Schnauze von oben und drückt mit Daumen und Zeigefinger hinter den Eckzähnen auf die Lefzen; mit der rechten Hand drückt man den Unterkiefer nach unten, so daß sich der Fang öffnen läßt, und schiebt das Medikament über den Zungengrund in den Rachen. Dadurch wird der Schluckreflex ausgelöst, und die Tablette gelangt automatisch durch die Speiseröhre in den Magen.

Konnte man die Tablette nicht weit genug in den Rachenraum bringen, wird der Schluckreflex nicht ausgelöst, und der Hund spuckt das Medikament oft noch nach langer Zeit wieder aus. Um dies zu verhindern, kann man noch eine Weile die Schnauze zuhalten und den Kehlkopf massieren. Wenn dann immer noch kein Schluckakt durchgeführt wurde, kann man dem Tier noch die Nasenlöcher für einige Sekunden zuhalten.

Kapseln und Dragées haben aufgrund ihrer glatten Oberfläche den Vorteil, daß sie besser über den Zungengrund rutschen, während sich Tabletten bereits in der Mundhöhle auflösen; der meist bittere Geschmack kann Abwehrreaktionen des Hundes zur Folge haben.

Die Eingabe von **Flüssigkeiten** ist meist einfacher. Eine Hilfsperson hält den Kopf des Hundes um die Schnauze, und der Besitzer zieht mit der linken Hand den Mundwinkel etwas zur Seite, so daß eine kleine Tasche entsteht, in die man nun den Saft oder ähnliches hineingießen kann. Der Kopf des Hundes sollte dabei leicht schräg nach oben gehalten werden, aber nie senkrecht, da der Hund sonst nicht abschlucken kann und dann die Gefahr besteht, daß das Medikament in die Luftröhre fließt.

Muß man **Medikamente in das Auge** einbringen, sollte man besonders ruhig mit dem Hund umgehen. Bei plötzlichen Abwehrreaktionen könnte sonst durch die Tube oder die Pipette die Hornhaut verletzt werden. Am besten fixiert eine Hilfsperson den Kopf des Hundes, und der Besitzer streicht den Salbenstrang in das herabgezogene Unterlid oder träufelt die Tropfen dort hinein. Danach sollte darauf geachtet werden, daß der Hund nicht mit seinen Pfoten über die Augen streicht. Am besten funktioniert dazu die Ablenkungstaktik: Bieten Sie dem Hund z.B. gleich sein Lieblingsspielzeug an, und beschäftigen Sie ihn gründlich.

Ohrentropfen oder -salben werden verabreicht, indem man mit der linken Hand die Ohrmuschel vorsichtig nach hinten und außen zieht und mit der rechten Hand das Medikament in den äußeren Gehörgang träufelt. Mit einer sanften Massage des Ohrgrundes von außen fördert man die Verteilung des Medikaments im Gehörgang.

Bei Verabreichung von **Zäpfchen** hält man mit der linken Hand den Schwanz nach oben und drückt mit der rechten das eingefettete Zäpfchen in den Enddarm.

Bei der Behandlung der Haut durch **Salben, Gelees oder Lösungen** wird das Medikament je nach Gebrauchsanweisung mit den Fingern – die, wenn nötig, durch Einweghandschuhe geschützt werden – in die Haut einmassiert oder nur aufgetragen.

Das wichtigste auch bei der **Badebehandlung** ist, daß das Medikament einwirken kann und nicht vom Hund abgeschleckt wird. Wenn möglich, empfiehlt es sich, die Behandlung vor dem Spazierengehen durchzuführen, da der Hund dann abgelenkt wird.

Verhinderung der Selbstbeschädigung

Wenn ein Hund an Operationsnähten oder entzündeten Hautstellen stark schleckt oder sogar daran herumknabbert, wird die Heilung durch die mechanische Reizung gestört oder sogar unmöglich. Um dieses zu verhindern, kann man dem Hund einen Plastikkragen anlegen. Die Tiere gewöhnen sich rasch an ihr eingeschränktes Blickfeld. Wenn der Hund unter Aufsicht ist, bzw. beim Spaziergang, kann man den Kragen ja abnehmen. Statt des käuflichen Plastikkragens kann man diesen »Rundumschutz« auch aus einem Plastikeimer selbst herstellen. Dazu wird der Boden des Eimers herausgeschnitten und in gleichmäßigen Abständen vier Löcher in die Wand des Eimers gebohrt. Der Eimer wird dann mit Schnüren am Halsband befestigt.

Oben: Bei der Untersuchung des Gehörganges muß der Hund gut festgehalten werden, damit er sich nicht verletzen kann.
Unten: Der Hund hat sich an den Halskragen gewöhnt; nun ist die Wunde ohne störendes Belecken gut abgeheilt.

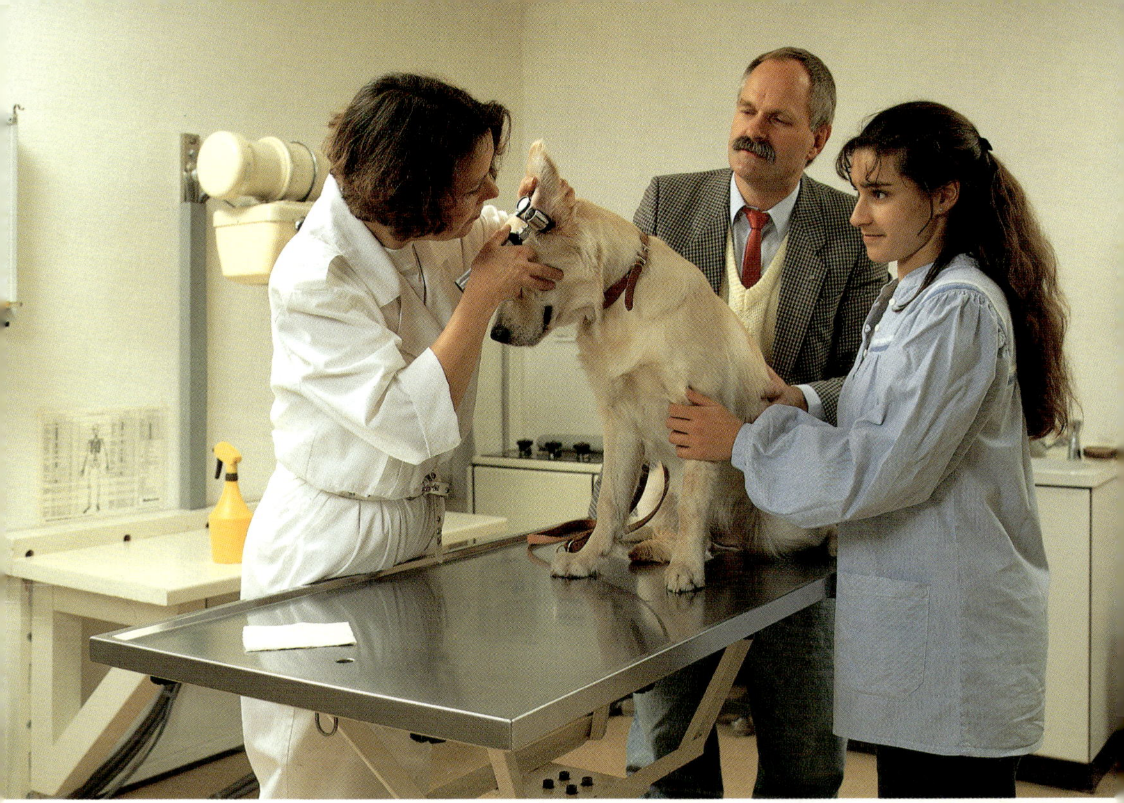

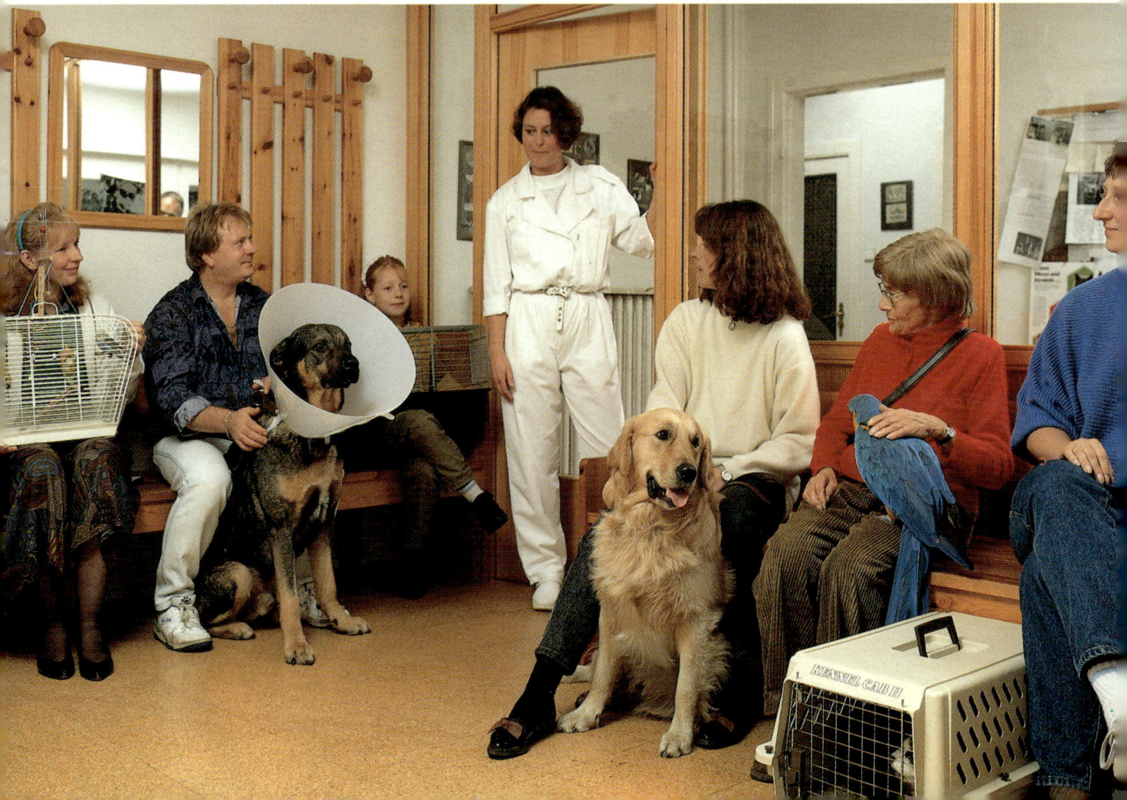
KENNEL CAB II

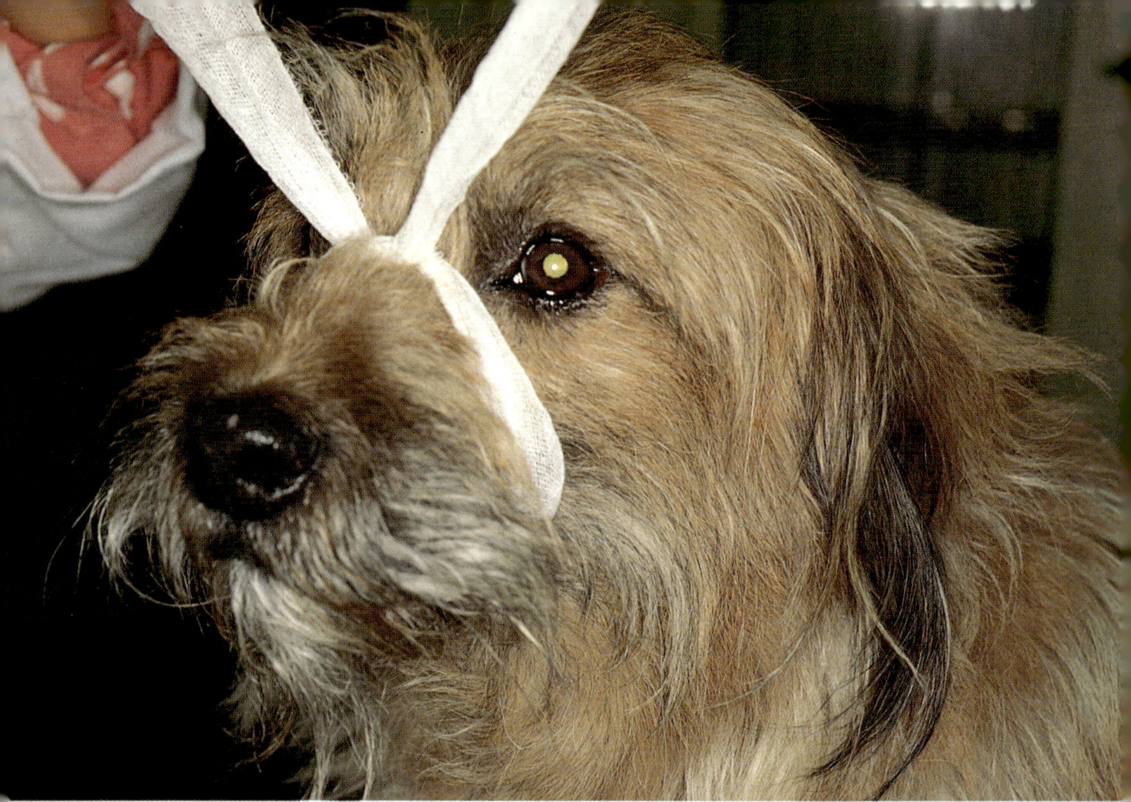
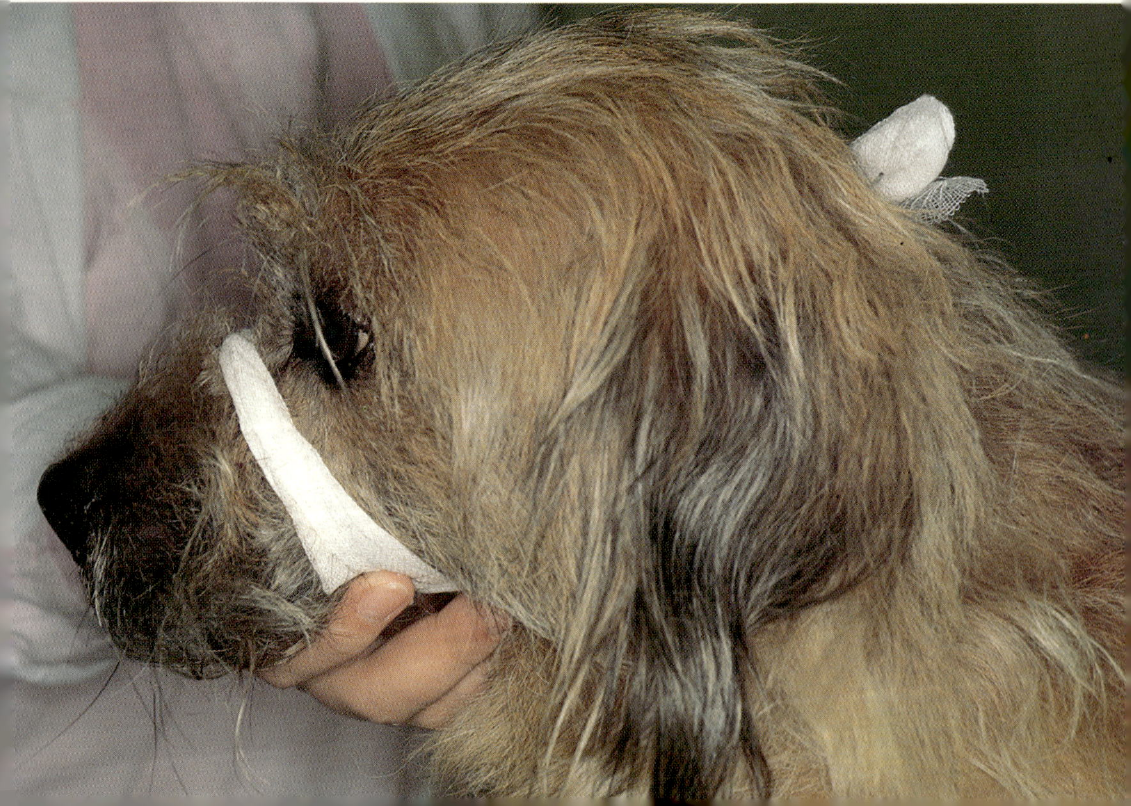

Auch Schutzverbände, z.B. an den Gliedmaßen, können zur Verhinderung des Beleckens angelegt werden. Je nach Größe des Hundes kann z.B. ein Kinderstrumpf über die zu schützende Gliedmaße gezogen werden. Soll nur die Pfote geschützt werden, wird man den gekürzten Strumpf mit einem Leukoplaststreifen am Fell befestigen. Ist dagegen das gesamte Bein abzudecken, so bindet man den Strumpf mit zwei Bändern über dem Rücken.

Hat sich Ihr Hund eine Pfotenverletzung zugezogen, die auch noch stark blutet, so müssen Sie die Pfote auf dem Transport zum Tierarzt schützen. Am besten decken Sie die Wunde mit einem Gazetupfer ab. Polstern Sie die Zwischenräume der Zehen mit Watte, und führen Sie die Polsterbinde von der Vorderfläche der Zehen über die Zehenspitze zur Hinterfläche der Pfote. Danach umwickeln Sie die Pfote nicht zu straff in Spiralwindungen bis über das Vorderfußwurzelgelenk bzw. das Sprunggelenk. Eine gute Polsterung mit Watte ist unbedingt nötig, um Durchblutungsstörungen zu vermeiden. Mit einer elastischen Binde wird der Verband fixiert und zum Schluß mit Heftpflaster verklebt.

Die Gazebinde wird über dem Nasenrücken verknotet (oben), um die Schnauze nach unten geführt, dort überkreuzt und im Nacken verknotet (unten).

Leider wird durch unsachgemäße Verbände viel Schaden angerichtet; begnügen Sie sich deshalb bitte mit dem Notverband, und überlassen Sie dem Fachpersonal beim Tierarzt die regelmäßig notwendige Wundkontrolle mit Verbandwechsel.

Bei Wunden im Brust- und Bauchbereich hat sich ein selbst hergestelltes Schutzjäckchen bewährt. Je nach Hundegröße nimmt man ein Frotteetuch, schneidet vier Löcher – in Abstand und Größe den vier Beinen entsprechend – hinein, und an den vier Ecken werden Bändchen angenäht, die über den Rükken gebunden werden.

Hausapotheke

Einige Instrumente und Medikamente sollten Sie speziell für Ihren Hund bereithalten:

- Ein der Größe des Hundes angepaßtes Fieberthermometer, entweder ein Quecksilber- oder ein Digitalthermometer;
- eine Pinzette zur Entfernung von Dornen oder Splittern;
- eine spezielle Zeckenzange aus Plastik;
- eine Verbandsschere und
- Verbandsmaterial wie Polsterbinden und eine elastische Binde. Gazebinden, Watte und Leukoplast hat man

ja meist in der Hausapotheke für die Familie.

Medikamente müssen trocken, kühl und kindersicher aufbewahrt werden. Als Desinfektionslösung eignet sich z.B. Jodlösung oder 3%iges Wasserstoffsuperoxyd. Nützlich sind Augensalbe, Ohrensalbe und Hautsalbe, damit man bei akuten Entzündungen dem Tier Linderung verschaffen kann. Vaseline hat sich zum Einfetten des Fieberthermometers bewährt bzw. läßt sich auch zum Schutz der Fußballen bei Eis und Schnee verwenden.

Wenn Ihr Hund an einer speziellen Erkrankung leidet, z.B. herzkrank ist, so sollten die notwendigen Medikamente stets vorrätig gehalten werden.

Einmal vom Tierarzt verordnete Medikamente, von denen noch Reste vorhanden sind, dürfen nicht ohne ärztlichen Rat vom Laien verabreicht werden. Außerdem müssen Sie peinlich auf das Verfalldatum der Medikamente achten. Ist es erreicht, werden die Medikamente entweder beim Apotheker oder bei speziellen Sammelstellen entsorgt; sie gehören keinesfalls in den Mülleimer.

Erste Hilfe

Grundregeln für eine Notfallsituation

Sie sollten auf jeden Fall die Telefonnummer und Adresse des nächstgelegenen oder – in einer Großstadt – mehrerer Tierärzte greifbar haben. Entweder Sie notieren die Nummern in Ihrem Adreßbuch oder in der Anschriftenplombe Ihres Hundes. Denn gerade in einer Notfallsituation ist es lebenswichtig für Ihren Hund, daß Sie schnell beim Tierarzt sind.

Ein Notfall ist für den Besitzer die schwierigste Situation im Zusammenleben mit dem Hund. Er muß sich selbst beruhigen, damit er gezielt handeln kann, und soll auch noch beruhigend auf seinen Hund einwirken.

Ein aufgeregter Besitzer kann seinem Tier nicht nur nicht helfen, sondern auch ernsthaft schaden. Also ist Selbstbeherrschung angesagt, damit die Situation einen nicht beherrscht und man in der Lage ist, die Vitalfunktionen seines Tieres zu erhalten, bis man den Tierarzt erreicht.

Zu den Vitalfunktionen gehören:
1. die Atmung und
2. das Herz-Kreislauf-System.

Atmung

Die Atemwege müssen freigehalten werden. Durch Herausziehen der Zunge wird die Verlegung des Kehlkopfes verhindert. Die Mundhöhle und der Rachen werden von Erbrochenem, Blutgerinnseln oder verlegenden Fremdkörpern befreit.

Setzt die Atmung aus – normal sind 10 bis 30 Atemzüge pro Minute –, so muß man mit der künstlichen Beatmung beginnen. Dazu schließt man das Maul des Hundes und bläst durch die Nasenlöcher die eigene Ausatmungsluft in die Lunge des Hundes. Dabei sollte sich der Brustkorb des Hundes aufblähen. Diese Mund- zu Nasenbeatmung ist ca. achtmal pro Minute zu wiederholen. Ist die Nasenhöhle selbst auch verletzt, so kann man zur künstlichen Beatmung eine rhythmische Brustkorbkompression durchführen: Man legt den Hund auf die Seite, drückt den Brustkorb mit beiden Händen zusammen und läßt ihn wieder los. Dieser lebensrettende Handgriff ist auf der folgenden Seite im Bild dargestellt.

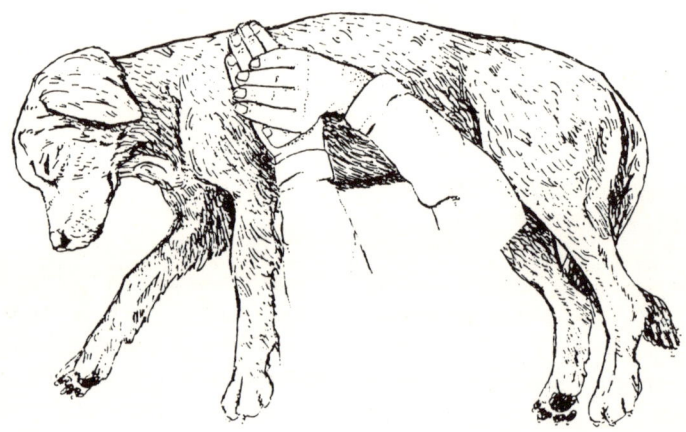

Beim Aussetzen der Atmung wird durch rhythmisches Zusammendrücken des Brustkorbs die Lunge künstlich belüftet.

Herz-Kreislauf-System

Zur Überwachung des Kreislaufs fühlt man am besten den Puls an der Innenseite des Oberschenkels im Schenkelkanal. Dazu legt man die rechte Hand auf die Innenfläche des rechten Hinterbeines und fühlt den Puls mit dem Mittelfinger. Die normale Frequenz beträgt 70–120 Schläge pro Minute.
Ist der Puls sehr schwach und nicht eindeutig zu fühlen, so kann man den Herzspitzenstoß am Brustkorb kontrollieren. Bei nicht zu fetten Hunden fühlt man ihn deutlich an der linken Brustwand hinter dem linken Ellenbogengelenk. Setzt der Herzschlag aus, so sollte man mit der Herzmassage beginnnen: Dazu wird der Hund auf die rechte Seite gelegt und der Brustkorb in der Herzgegend hinter dem linken Ellenbogengelenk bis zu 70mal pro Minute stark zusammengedrückt.
»Üben« Sie das Pulsmessen an ihrem gesunden Hund, dann sind Ihnen im Notfall diese Handgriffe vertraut.

Verkehrsunfall

Anleinen des Hundes

Der verunfallte Hund steht unter Schock. Deshalb den Hund sofort anleinen, um zu verhindern, daß er verstört

Erste Hilfe

Oben: An der Innenseite des Oberschenkels kann man den Puls fühlen. Damit Sie für den Notfall vorbereitet sind, üben Sie es bitte in Ruhe.

Unten: Ist der Puls nicht zu ertasten, so kann man den Herzschlag auf der linken Seite des Brustkorbs in der Höhe des Ellenbogengelenks fühlen.

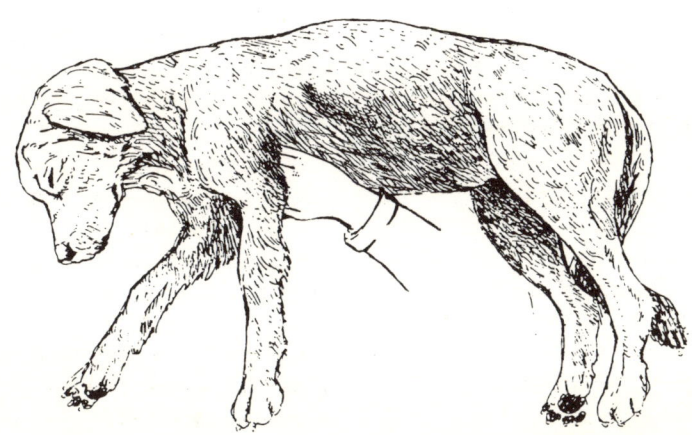

davonläuft! Dabei beruhigend auf das Tier einwirken, denn es könnte sein, daß Ihr Hund abwehrend reagiert und auch nach dem Besitzer beißt!

Untersuchung des Hundes

Selbst Tiere mit keiner für den Besitzer sichtbaren Verletzung können nach dem Unfall in einen Schockzustand gelangen, z.B. durch innere Blutungen. Durch Überprüfung der Schleimhäute im Maul und an den Augenlidern kann man den Zustand beurteilen. Normalerweise sind die Schleimhäute rosafarben, während des Schockgeschehens werden sie heller bis porzellanfarben. Die Atemzüge werden häufiger, aber flacher. Der Hund beginnt zu zittern und hat Probleme, sich aufrecht zu halten. Schließlich mündet dieser Zustand in eine Ohnmacht.
Beobachten Sie diese Anzeichen des Schocks bei Ihrem Hund, dann hüllen Sie ihn in eine warme Decke, und suchen Sie sofort den Tierarzt auf.

Blutungen

Blutungen aus Arterien kann man am stoßweisen Herausschießen des Blutes von Blutungen aus Venen gut unterscheiden. Aus den letztgenannten Gefäßen fließt das Blut stetig ab.
An den Beinen kann man schnell einen Druckverband anbringen. Ist dies nicht möglich – etwa am Kopf oder am Körper – so sollte eine Hilfsperson mit der Hand ohne Unterbrechung das blutende Gefäß abdrücken, bis man den nächsten Tierarzt erreicht hat.

Knochenbrüche

Man muß offene und bedeckte Knochenbrüche unterscheiden. Offene Knochenbrüche, bei denen der Knochen die Haut verletzt hat, müssen sofort behandelt werden, da sonst die Gefahr einer eitrigen Knochenentzündung besteht. Bedecken Sie die Wunde mit einer sterilen Gaze, z.B. aus dem Verbandskasten des Autofahrers, und legen Sie darüber zum Schutz einen lockeren Verband.
Bei bedeckten Knochenbrüchen hat man zunächst etwas mehr Zeit. Wahrscheinlich ist auch gar nicht sofort klar, daß es sich um einen Bruch handelt. Vielleicht stellen Sie nur fest, daß der Hund ein Bein nicht mehr belastet oder daß eine Beinstellung bei näherer Betrachtung etwas abnormal ausschaut. Der vorsorgliche Transport zum Tierarzt ist anzuraten.
Polstern Sie dabei das kranke Bein mit weichen Kissen oder einer Decke. Der Tierarzt stellt schnell fest, ob es überhaupt ein Knochenbruch ist oder vielleicht eine Verrenkung im Gelenk. Das Einrenken kann sofort erfolgen, und es

ist um so erfolgreicher, je schneller es passiert.

Beißereien

Raufereien finden leider häufig statt. Sind die Hunde gleich groß, ist ihr Verlauf meist nicht so dramatisch. Als Besitzer steht man hilflos vor einem Knäuel von zwei Hunden. Die Tiere zu trennen gestaltet sich sehr schwierig. Am besten wird ein Moment abgewartet, wo gleichzeitig beherzt jeder seinen eigenen Hund im Nacken oder am Schwanz packen kann. Gleichzeitig schreit man den Namen, damit der eigene Hund die Stimme des Besitzers erkennt.

Ist es gelungen, die Hunde zu trennen, geht man im Prinzip wie beim Verkehrsunfall vor. Zuerst wird der Hund angeleint, kurz untersucht und je nach Verletzungsart Erste Hilfe geleistet. Schaut es schlimmer aus, wird der Tierarzt aufgesucht.
Bei langhaarigen Hunden ist es schwierig, kleine Bisse zu erkennen. Oft schließen sich die kleinen Einbisse innerhalb von Stunden. Doch wenn Keime in die losgelöste Unterhaut eingedrungen

Ein schwerverletzter Hund wird von zwei Personen auf einer Decke schonend zum Tierarzt transportiert.

sind, entzündet sich diese nach etwa einem Tag. Das kann dann zu fieberhaften Erkrankungen führen. Deshalb den Hund in Ruhe gründlich am ganzen Körper untersuchen! Wenn Verletzungen festgestellt werden, lassen Sie diese bitte vom Tierarzt versorgen.

Lähmungen

Plötzliche Lähmungen können als Folge von Unfällen, bei denen es zur Verletzung der Wirbelsäule gekommen ist, oder als Folge von Bandscheibenvorfällen auftreten. Auch Infektionen des Rückenmarks oder des Gehirns können zu Lähmungen führen. Betroffen sein können alle vier Extremitäten oder nur die Hinterbeine.
Eine schnelle Behandlung durch den Tierarzt ist oft lebensrettend. Deshalb sollte der Hund umgehend und möglichst schonend zum Tierarzt transportiert werden – entweder in einem Korb oder in einer Decke, die man an den vier Ecken faßt. Grobe Handhabung beim Transport kann die Verletzung des Rückenmarks verschlimmern.

Insektenstiche

Nach Insektenstichen schwillt die betroffene Stelle meist sehr stark an. Die Insekten, falls sie sich noch am Hund befinden, werden abgelesen. Als Sofortmaßnahme ist die Stichstelle mit kalten Umschlägen oder Eisbeuteln zu behandeln.
Bei Insektenstichen im Rachenbereich besteht Lebensgefahr, da durch starkes Anschwellen die Atemwege eingeengt werden. Oft kommt es bei Insektenstichen im Kopfbereich zu einer Anschwellung des gesamten Kopfes aufgrund einer allergischen Reaktion. Da auch hier mit einer Einengung der Atemwege gerechnet werden muß, suchen Sie bitte sofort den Tierarzt auf.

Vergiftungen

Haushaltschemikalien, Pflanzenschutzmittel, Medikamente usw. können für den Hund giftig sein. Bewahren Sie diese Dinge im Haushalt unerreichbar für den Hund auf!
Wenn Sie den Hund noch bei der Aufnahme des Giftes beobachten, verhindern Sie ein weiteres Fressen durch einen energischen Befehl. Suchen Sie anschließend mit dem Hund und dem Rest des Giftes sofort den Tierarzt auf. Auch Verpackungsteile wie zerrissene Tüten sind für den Tierarzt sehr hilfreich, um eine gezielte Behandlung durchzuführen und z.B. das richtige Gegengift zu verabreichen.

Erste Hilfe

Eigene Hilfsmaßnahmen, wie z.B. Erbrechen lassen durch Einflößen von Salzlösung, gestalten sich oft schwierig oder können gar schaden. Deshalb rufen Sie lieber gleich bei Ihrem Tierarzt an, der Ihnen eventuell eine Erste-Hilfe-Maßnahme angibt oder Ihnen rät, sich gleich mit dem Hund auf den Weg zu ihm zu machen.

Wenn Sie den Hund nun aber nicht auf frischer Tat ertappen, so können häufiges Erbrechen und vermehrtes Speicheln, häufig verbunden mit Krampfanfällen, auf mögliche Vergiftungen hinweisen. Auf jeden Fall sollten Sie sofort den Tierarzt aufsuchen und, wenn möglich, eine Probe des Erbrochenen mitnehmen.

Vorbeugung und Hygiene

Impfungen

Durch vorbeugende Maßnahmen, wie z. B. die Impfung, kann man heute den Hund gegenüber schweren, z. T. tödlich verlaufenden, Infektionskrankheiten fast perfekt schützen. Wenn man an Tollwut denkt, so ist die Impfung des Tieres dann gleichzeitig ein Schutz für den Menschen. Grundsätzlich sollten nur gesunde und parasitenfreie Tiere geimpft werden, da nur diese Hunde genügend Antikörper (= Abwehrstoffe) bilden können, was die erwünschte Reaktion bei einer Impfung ist.

Staupe

Die Staupe ist eine Virusinfektion, bei der sich die Hunde durch die Sekrete (Augen- und Nasensekrete) und Exkrete (Kot und Harn) erkrankter Hunde infizieren. Es erkranken Hunde jeden Alters, besonders gefährdet sind aber junge Tiere.

Je nach Verlaufsform äußert sich die Erkrankung mit Fieber, Augen- und Nasenausfluß, Husten und Lungenentzündung bei der Lungenform oder mit Durchfall und Erbrechen bei der Magen-Darm-Form. Die sogenannte nervöse Form tritt meist nach Abklingen der beiden vorhergenannten Formen auf; bei ihr dringt der Virus ins Gehirn ein und führt zu Lähmungen, Krämpfen oder, als Spätfolge, zur Epilepsie.

Seltener tritt die Erkrankung als sogenannte Hartballenkrankheit auf, häufig kombiniert mit der nervösen Form, bei der die Fußballen und der Nasenspiegel mit dicken Hornschichten bedeckt sind. Doch gerade ihr Verlauf ist oft tödlich. Deshalb sollte der Hund im Alter von 8 bis 10 Wochen und 12 bis 14 Wochen geimpft werden. Danach genügt dann die zweijährliche Wiederholungsimpfung.

Ansteckende Leberentzündung

Die Hepatitis contagiosa canis (HCC) ist eine Virusinfektion, an der am häufigsten Jungtiere erkranken; aber auch ältere Hunde sind noch empfänglich für diese Infektionskrankheit. Die Ansteckung geschieht wie bei der Staupe über die Ausscheidungen erkrankter Hunde. HCC verläuft als fieberhafte Allgemeinerkrankung mit Futterverweigerung, Brechdurchfall und Gelbsucht.

Impfungen

Auch hier ist die Impfung als Grund-immunisierung im Alter von 8 bis 10 Wochen und 12 bis 14 Wochen zu emp-fehlen. Danach genügt die zweijährliche Wiederholungsimpfung.

Parvovirose

Die Parvovirose ist eine Virusinfektion, bei der sich der Hund am Kot erkrankter Tiere ansteckt. Im Verlauf der Erkran-kung kommt es zu Erbrechen und bluti-gem Durchfall und bei jungen Hunden zu Herzmuskelentzündungen, die zum Tode führen.
Eine zweimalige Grundimpfung sollte im Alter von 6 bis 8 Wochen und 10 bis 12 Wochen erfolgen. Die Auffrischung erfolgt dann jährlich.

Tollwut

Tollwut ist eine tödlich verlaufende Vi-ruserkrankung, bei der das Virus beim Biß durch den Speichel übertragen wird. Der Hund kann sich an tollwuterkrank-ten Wildtieren, z.B. dem Fuchs, infizie-ren und die Infektion auf den Menschen übertragen.
Die Krankheit äußert sich durch verän-dertes Verhalten des Hundes (Scheue, Verschlucken von Gegenständen aller Art), gefolgt von Schluckbeschwerden, vermehrtem Speichelfluß, später ver-mehrter Unruhe, heiserem Bellen, Beiß-

sucht, und letztendlich tritt der Tod ein.
Deshalb sollte jeder Hund gegen Toll-wut geimpft werden, und zwar nach ein-maliger Grundimmunisierung jährlich.

Leptospirose

Die »Stuttgarter Hundeseuche« oder Leptospirose ist eine durch Bakterien hervorgerufene fieberhafte Erkrankung, die mit Durchfall, Erbrechen, Gelb-sucht und schweren Nierenschädigun-gen einhergeht. Anstecken kann sich der Hund am Speichel und Harn er-krankter Hunde und kleiner Nagetiere (Ratte, Maus).
Die Grundimpfung muß zweimal im Ab-stand von vier Wochen erfolgen, am be-sten im Alter von 8 bis 10 Wochen und im Alter von 12 bis 14 Wochen. Eine jähr-liche Auffrischung ist nötig, um den Hund gewissenhaft zu schützen.

Zwingerhusten

Der Zwingerhusten ist eine Infektion der Atemwege, verursacht durch Viren und Bakterien. Die Erkrankung wird durch Tröpfcheninfektion (Niesen, Belecken) übertragen und führt zu Fieber, Husten, eitrigem Augen- und Nasenausfluß, bis hin zu schweren Lungenentzündungen. Die Erkrankung hat zwar keine so große Todesrate wie z.B. Staupe, doch kann sie zu chronischen Veränderungen gerade der Lunge führen. Wenn Sie mit Ihrem Hund auf den Hundeplatz gehen oder wenn er während des Urlaubs im Tierheim oder in einer Hundepension untergebracht werden muß, sollten Sie ihn auf jeden Fall impfen lassen: Die Grundimmunisierung im Alter von 6 bis 8 Wochen und 10 bis 12 Wochen, dann die jährliche Wiederholungsimpfung.

Impfplan

Alter	Impfung gegen
6– 8 Wochen	Parvovirose, Zwingerhusten
8–10 Wochen	Staupe, HCC, Leptospirose
10–12 Wochen	Parvovirose, Zwingerhusten
12–14 Wochen	Staupe, HCC, Leptospirose, Tollwut
jährliche Wiederholung	Leptospirose, Parvovirose, Zwingerhusten, Tollwut
Wiederholung alle 2 Jahre	Staupe, HCC

Entwurmung

Wie schon im vorigen Kapitel angedeutet, sollte der Hund vor der Impfung unbedingt entwurmt sein. Leider ist auch bei korrekter Entwurmung des Muttertieres bei den Hundewelpen Wurmbefall nicht auszuschließen, da sich die Jungtiere entweder bereits im Mutterleib oder beim Saugen an den Zitzen infizieren können. Dies ist im Entwicklungszyklus der Würmer begründet.

Auch der erwachsene Hund sollte, selbst wenn keine Würmer im Kot sichtbar sind, ein- bis zweimal jährlich entwurmt werden. Beim Spulwurm des Hundes können z. B. die Larven auch Infektionen beim Menschen hervorrufen; deshalb schützt man nicht nur den Hund, sondern sich selbst, wenn man ihn regelmäßig entwurmt.
Auf eine einzelne Kotprobe zur Prüfung ist übrigens nicht ausreichend Verlaß: Denn selbst wenn eine Kotprobe keine

Würmer

Wurmeier enthält, beweist das noch nichts. Bei einem geringen Befall ist nicht gesagt, daß die Wurmeier gerade in dem kleinen Stückchen Kot sind, das Sie zur Untersuchung zum Tierarzt gebracht haben.

Die vom Tierarzt empfohlenen Entwurmungsmittel sind genau nach der Gebrauchsanweisung anzuwenden.

Spulwürmer

Auch bei gewissenhaft entwurmten Muttertieren bleiben Larven des Spulwurms im sogenannten Ruhestadium im Körper liegen; sie werden von den Wurmmitteln nicht erfaßt. Durch die Trächtigkeit können sie aktiviert und auf dem Blutwege auf den Welpen übertragen werden. Der Hund kommt dann bereits infiziert auf die Welt und scheidet ab dem 14. Lebenstag bereits selbst Wurmeier aus.

Deshalb sollte der Welpe spätestens bis zum 14. Lebenstag entwurmt werden und dann alle 8 Tage bis zum Alter von 8 Wochen. Während des ersten Lebensjahres ist dann die Entwurmung in dreimonatigem Abstand anzuraten.

Ein erwachsener Hund kann sich am Kot infizierter Hunde anstecken.

Starker Wurmbefall führt zu Abmagerung, Durchfall, Erbrechen bzw., infolge der Körperwanderung der Wurmlarven, auch zur Lungenentzündung.

Hakenwürmer

Hakenwürmer sind Gewebsfresser. Sie setzen sich in der Darmschleimhaut fest und können bei starkem Befall zu Blutarmut führen. Der Hund infiziert sich entweder beim Saugakt als Welpe bei der Mutter oder über den Kot infizierter Hunde.

Innere Parasiten des Hundes.
a) Spulwurm
b) Bandwurm: Glieder und Kopf

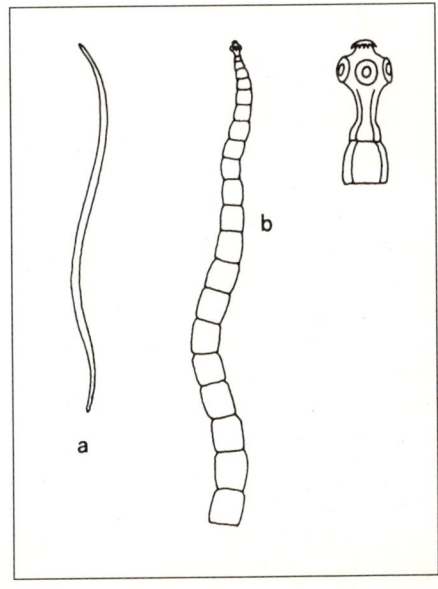

31

Peitschenwürmer

Diese Würmer sitzen in der Schleimhaut des Dickdarmes und führen bei massivem Befall zu Abmagerung und Darmentzündung mit blutigem Kot. Anstecken kann sich der Hund am Kot infizierter Tiere.

Bandwürmer

Von den vorher aufgezählten Würmern unterscheiden sich die Bandwürmer in ihrem Entwicklungszyklus deutlich. Sie benötigen einen Zwischenwirt; d.h., der Hund infiziert sich nicht direkt am Kot anderer Hunde, sondern indem er den Zwischenwirt frißt.
Bei Massenbefall wird das Haarkleid stumpf, Abmagerung und Durchfall sind zu beobachten. Vom Besitzer können kleine, reiskornähnliche Gebilde im Haarkleid um den After oder im Kot beobachtet werden, die sich oft bewegen. Natürlich muß man den Hund dann sofort mit einem geeigneten Medikament vom Tierarzt entwurmen lassen. Gleichzeitig sollte aber unbedingt auch die Bandwurmart bestimmt werden, um eine Wiederansteckung zu vermeiden.
Hundebandwurm: Zwischenwirt sind Flöhe und Haarlinge – wichtige Vorbeugung ist hierbei also, die Flöhe zu bekämpfen.

Gesägter Bandwurm: Zwischenwirte sind Nagetiere, Kaninchen, Hasen. Hunde sollten also tunlichst keine Mäuse, Ratten oder Kaninchen fressen.
Geränderter Bandwurm: Zwischenwirte sind Pflanzenfresser wie Rind, Schaf und Ziege. Schlachtabfälle von diesen Tieren sollten also keinesfalls roh verfüttert, sondern abgekocht werden.
Fuchsbandwurm: Zwischenwirt ist die Feldmaus. Hauptverbreitungsgebiet sind gebirgige, südliche Regionen in Österreich und der Schweiz, bestimmte Areale in Bayern und die Schwäbische Alb. Der Fuchsbandwurm ist gefährlich für den Menschen, da er sich am Hundekot infizieren kann und dann als Zwischenwirt – wie die Feldmaus – Zysten in der Leber entwickeln kann. Vorsicht ist also besonders in diesen Regionen geboten mit Hunden, die Mäuse jagen und fressen.

Haut- und Haarkleid

Die spezielle Haarpflege hängt von der Hunderasse ab. Aber es gibt einige Empfehlungen, an die sich jeder Hundebesitzer halten kann. Regelmäßiges Kämmen oder Bürsten – am besten täglich – soll Staub, Schmutz und lose Haare, besonders beim Fellwechsel, entfernen oder bei bestimmten Rassen das Verfilzen der Haare verhindern.

Übrigens: Kurzhaarige Hunde verdienen die gleiche Pflege wie langhaarige; sie verlieren nämlich genauso viele Haare. Regelmäßiges Bürsten verhindert auch hier, daß sich alle Haare in der Wohnung verteilen. Und selbstverständlich ist es auch gut für die Hundepsyche, wenn sich der Besitzer in dieser Art um sein Tier kümmert.

Fremdkörper, wie Grannen oder Kletten, entfernt besser der Besitzer, als daß der Hund es durch Kratzen und Lecken selbst versucht und die Folge dann Ekzeme oder andere Hauterkrankungen sind.

Baden sollte man den Hund sowenig wie möglich und nur so häufig wie unbedingt nötig, um die natürliche Hautflora nicht zu zerstören. Nach dem Wälzen in Mist oder Aas ist es meistens unvermeidlich. Für das Waschen verwendet man unbedingt ein spezielles Hundeshampoo. Nach dem Baden reibt man den Hund gut trocken oder fönt ihn.

Spezielle Pflege sollte man den Pfoten angedeihen lassen. Besonders in der feuchten Jahreszeit und bei Hunden mit längeren Haaren zwischen den Zehen verkleben sie mit Schmutz. Dies kann zu schmerzhaften Zwischenzehenekze-

Verschiedene Bürsten, weitzinkige Kämme und Striegel zur Fellpflege.

men führen. Bei »Hundewetter« sollte man nach jedem Spaziergang die Pfoten mit klarem Wasser abwaschen und die Zehenzwischenräume abtrocknen. Ebenso muß man im Winter bei Schnee nach jedem Spaziergang verfahren oder aber die Haare zwischen den Zehen kürzen.

Die Krallen läuft sich der Hund normalerweise am Straßenpflaster ab. Die Daumenkralle an der Vorderextremität und, wenn vorhanden, die Wolfskralle an der Hinterextremität sollte man häufiger kontrollieren, da diese keine Bodenberührung haben und somit nicht abgewetzt werden. Beim Kürzen der Krallen muß auf das Blutgefäß geachtet werden, das bei hellen Krallen gut zu sehen ist. Schwieriger ist es bei schwarz gefärbten Krallen. Hier kann man sich durch Abfeilen mit einer Nagelfeile helfen oder überläßt das Kürzen der Krallen dem Tierarzt.

Ohren

Ob Steh-, Kipp- oder Schlappohren, Ihr Hund freut sich, wenn Sie ihm auch hier ab und zu Aufmerksamkeit und Pflege schenken. Die Ohrmuschel soll bei Verschmutzung mit einem in Hautöl ge-

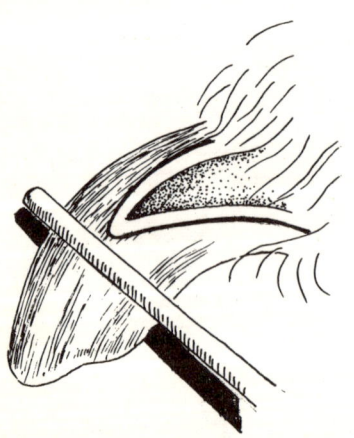

Beim Krallenkürzen wird die Zange unterhalb des Blutgefäßes angesetzt.

Oben: Das selbst hergestellte Schutzjäckchen verhindert, daß die Operationsnähte im Bauchbereich beleckt werden.
Unten: Die Hundeapotheke enthält Verbandsmaterial, Desinfektionslösung (Wasserstoffsuperoxyd oder Jodlösung), Hautsalbe, Augentropfen, ein Fieberthermometer, Verbandsschere, Pinzette und Zeckenzange.

Seite 36 oben: Tabletten werden über den Zungenrücken in den Rachen geschoben.
Seite 36 unten: Tropfen werden in die Mundwinkel geträufelt.

Seite 37 oben: Augensalbe wird in das herabgezogene Unterlid gestrichen.
Seite 37 unten: Ohrensalbe wird in den Gehörgang geträufelt und durch vorsichtiges äußeres Massieren verteilt.

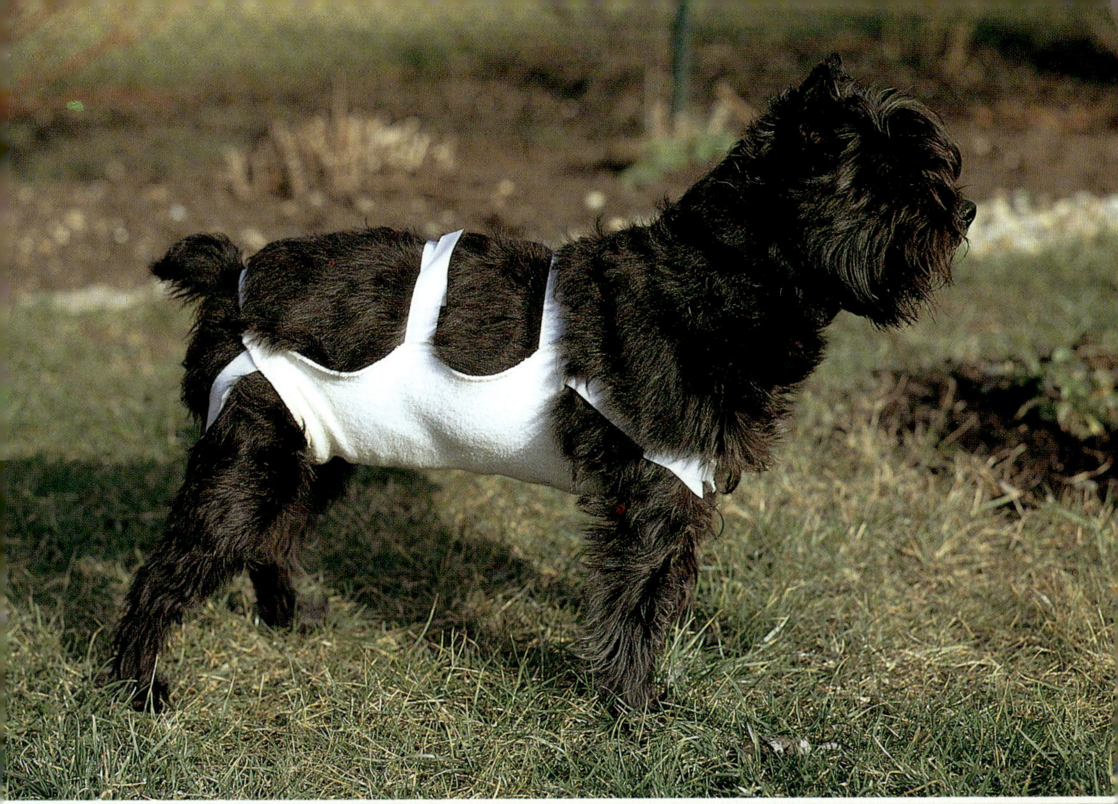

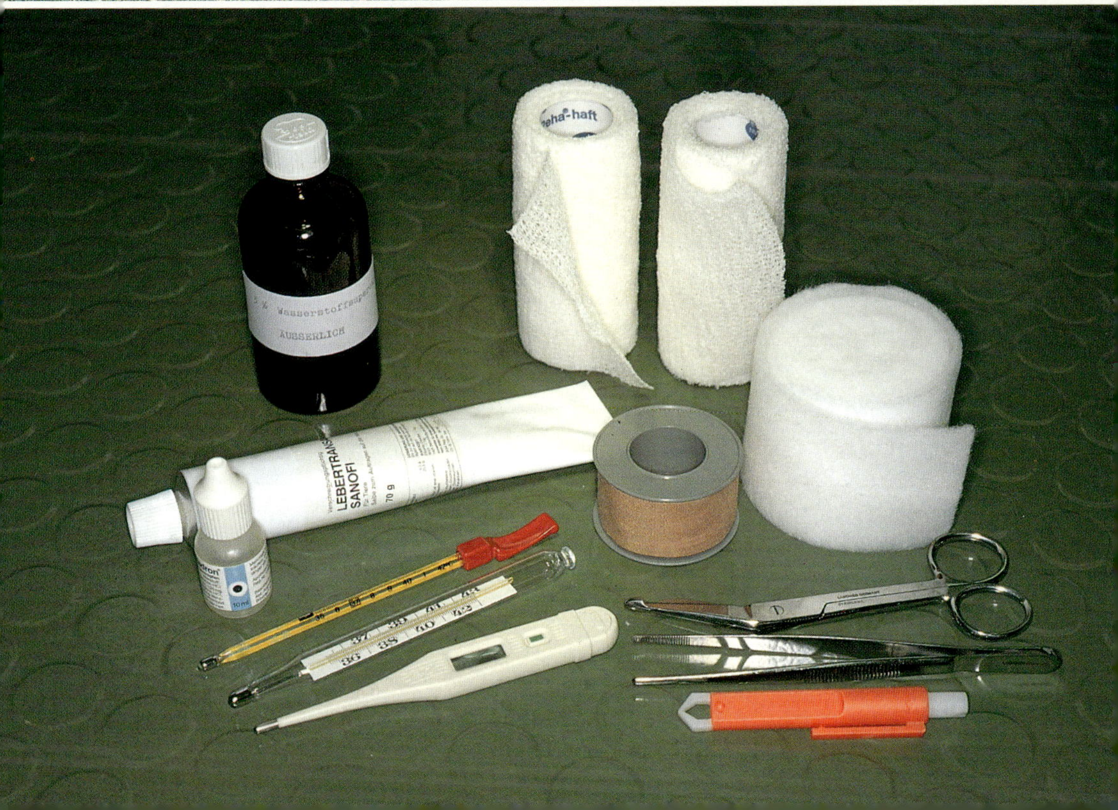
AUSSERLICH
SANOFI
70 g

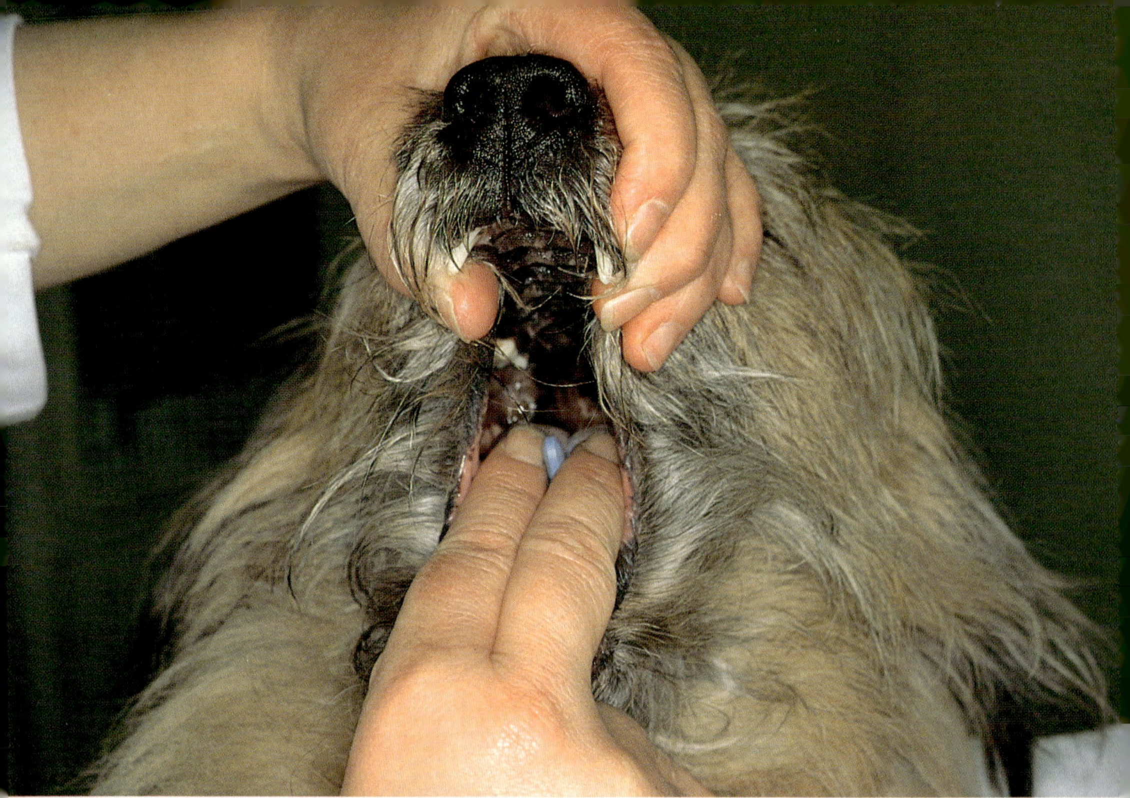

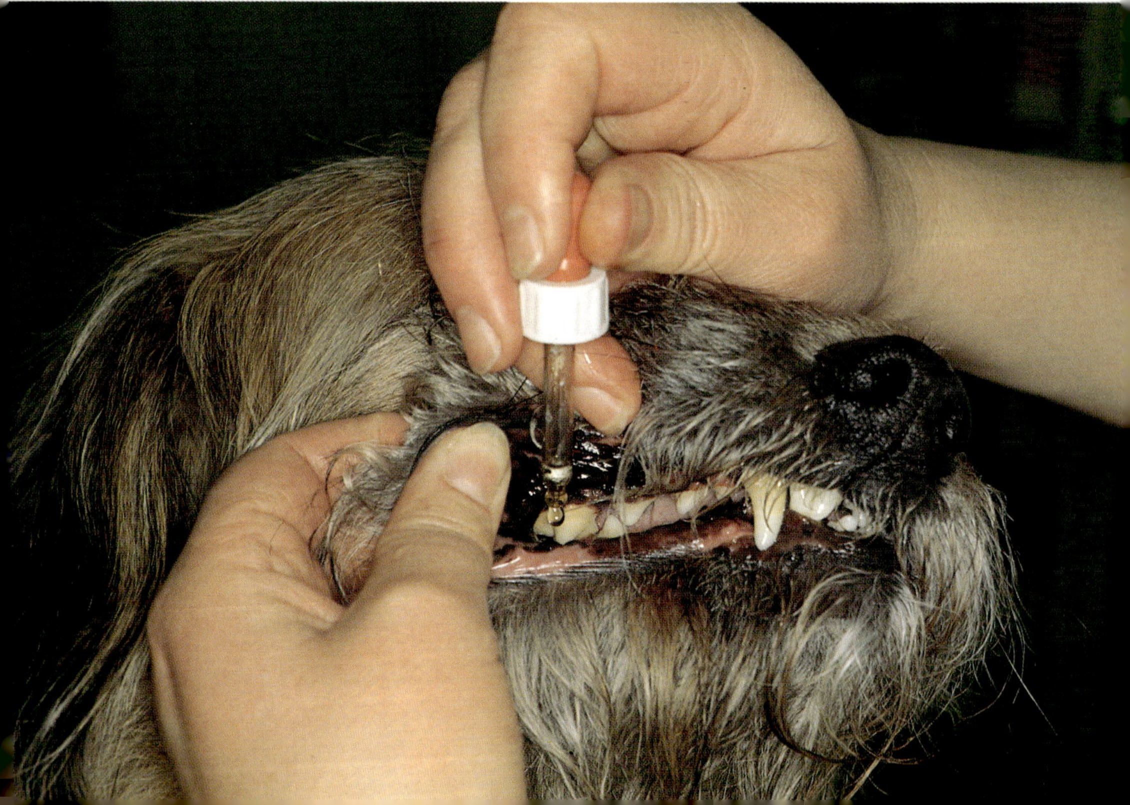

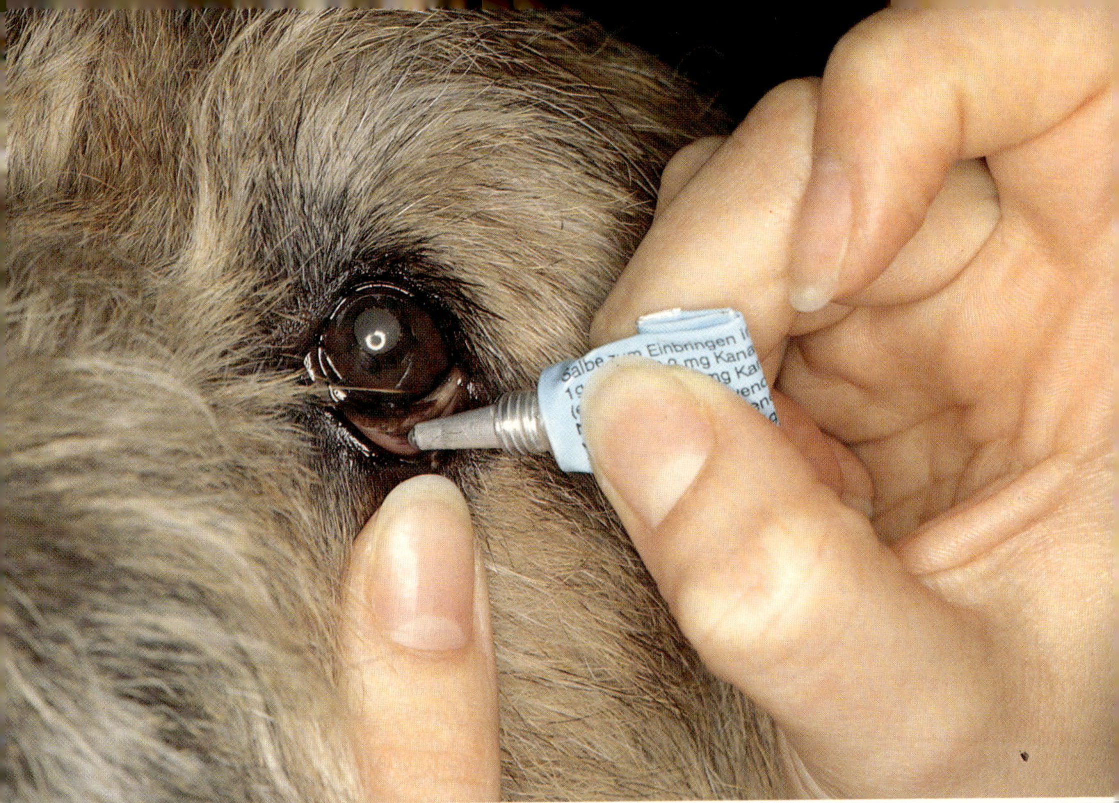
Salbe
Einbringen

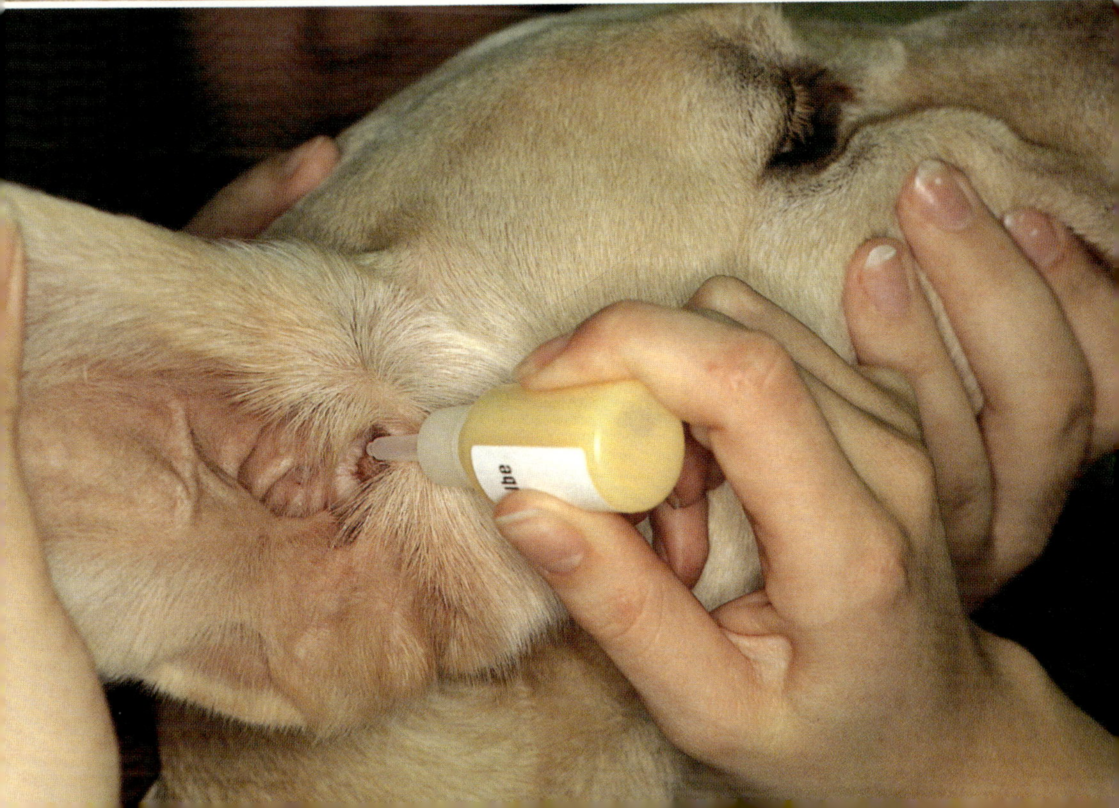

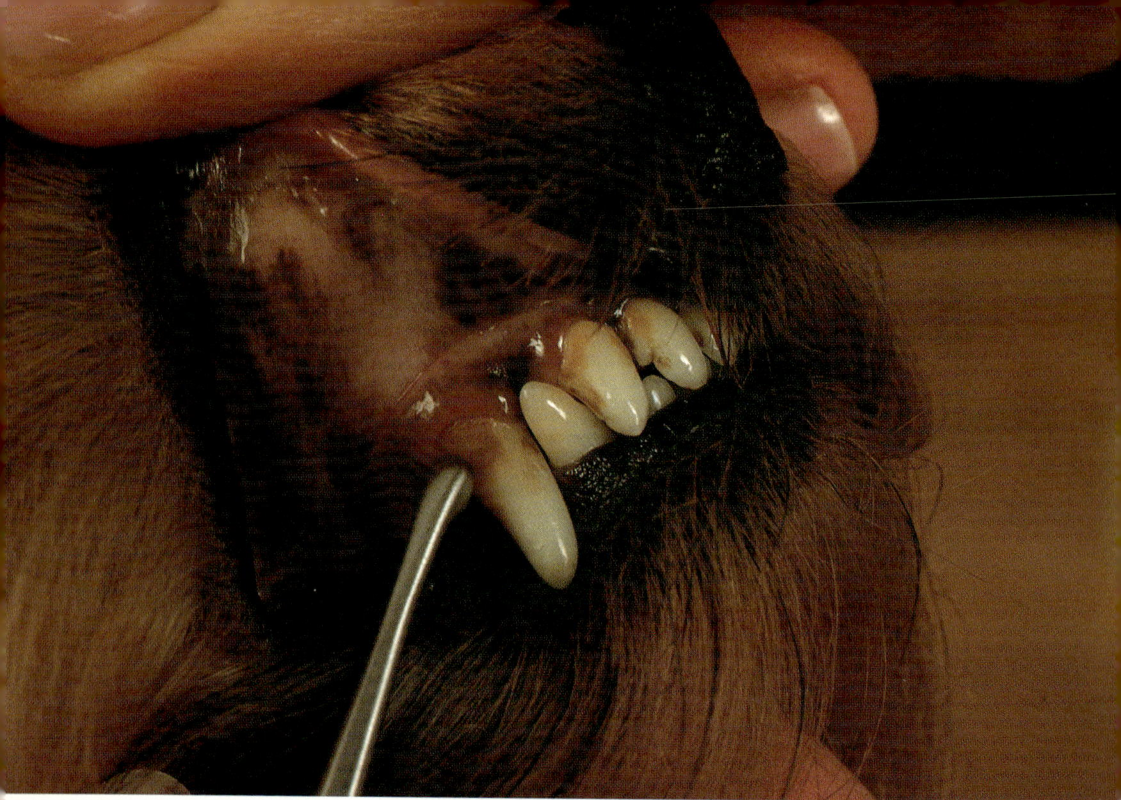

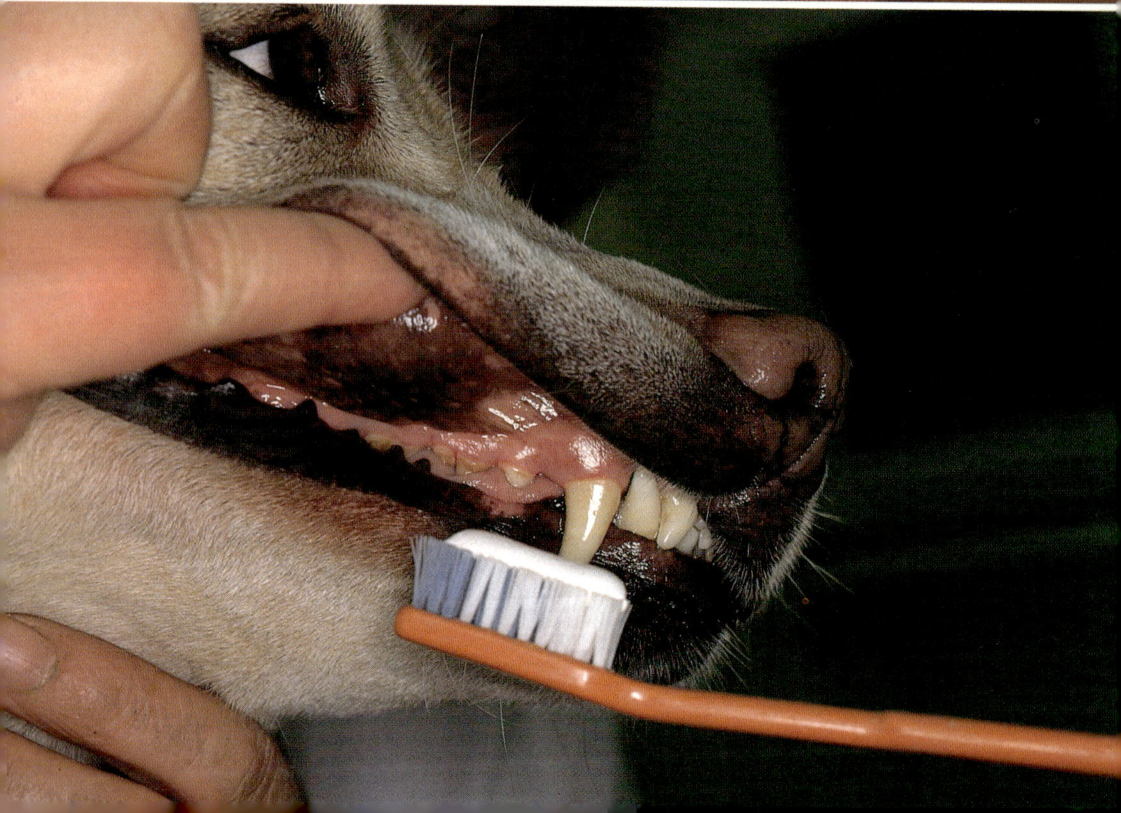

tränkten Wattebausch oder Zellstofftuch gereinigt werden. Bei Hunden mit starkem Haarwuchs sollten die Haare am Eingang zum Gehörgang entfernt werden, damit eine bessere Durchlüftung gewährleistet wird. Am besten zieht man die locker sitzenden Haare mit den Fingerspitzen heraus.

Wenn Ihr Hund eine starke Absonderung von Ohrschmalz zeigt, bitte nie mit Wattestäbchen versuchen, den Gehörgang zu reinigen. Sie stopfen das Sekret meist noch tiefer hinein, und die gefürchtete Gehörgangsentzündung ist dann die Folge. Auch das regelmäßige Einträufeln von alkoholischen Flüssigkeiten, sogenannten »Ohrreinigern«, kann mehr schaden als nützen, da durch sie die normale Keimflora zerstört wird und dadurch eine Entzündung entstehen kann.

Zähne

Regelmäßiges wöchentliches Zähneputzen verhütet Zahnbelag und schließlich Zahnsteinbildung. Mit einer weichen Zahnbürste und spezieller Zahncreme für Hunde ist das sehr leicht zu bewerk-

Starke Zahnsteinbeläge (oben) müssen entfernt werden. Regelmäßiges Zähneputzen (unten) verzögert die Neubildung.

stelligen. Sollte sich trotzdem Zahnstein bilden, so muß er zur Verhütung von Paradontose vom Tierarzt entfernt werden.

Fütterung

Selbstverständlich muß für jeden Hundebesitzer die Hygiene bei der Fütterung sein. Futter- und Wassernapf müssen regelmäßig, d. h. nach jeder Mahlzeit, gereinigt werden. Das Futter sollte bei Raumtemperatur angeboten und nicht sofort aus dem Kühlschrank verfüttert werden.

Fertigfutter wird in Form von Allein- oder Ergänzungsfutter angeboten. Das Alleinfutter gibt es als Trockenfutter, halbfeuchtes Futter oder Dosenfutter. Beim Trockenfutter muß immer genügend Flüssigkeit dazugegeben werden. Außerdem darf man nicht, wenn das Futter vom Hund schlecht akzeptiert wird oder weil man dem Tier noch etwas Gutes tun will, zusätzlich Fleisch geben. Sonst resultiert daraus eine Eiweißüberfütterung, die z. B. zu Hauterkrankungen führen kann.

Ergänzungsfuttermittel sind als Dosenfutter erhältlich, in denen der Eiweißanteil sehr hoch ist und die mit Kohlehydraten in Form von Hundeflocken, Reis etc. zusammen angeboten werden müssen. Aber auch Hundekuchen und Bis-

39

kuits müssen als Ergänzungsfuttermittel gewertet und bei der täglichen Futterration berücksichtigt werden.

Wenn man das Futter selbst zusammenstellt, sollte man immer bedenken, daß der Hund nicht nur mit Fleisch alleine ernährt werden kann, sondern Kohlehydrate, Fett, Vitamine, Mineralstoffe und Spurenelemente benötigt. Es gibt Tabellen über den Energiebedarf der Hunde pro kg Körpergewicht; doch variiert dieser auch nach dem Alter, Leistungsniveau und individuellen Bedürfnissen. Das Futter muß auch schmackhaft und in verdauungsfähigem Zustand angeboten werden.

Nicht verfüttert werden darf rohes Schweinefleisch. Schweine können Träger des Virus der Aujeszkyschen Krankheit sein. Nimmt der Hund infiziertes Schweinefleisch auf, so führt die Krankheit zum Tod. Behandlung oder Impfung sind nicht möglich. Die Tiere zeigen unstillbaren Juckreiz, kratzen und beißen sich, haben Schluckbeschwerden, starkes Speicheln, Krämpfe und Tobsuchtsanfälle; deshalb wird die Erkrankung auch »Pseudowut« genannt.

Wenn Sie rohes Rindfleisch an Ihren Hund verfüttern, so sollten Sie sich beim Metzger absichern, daß das Rindfleisch nicht mit Schweinefleisch in Kontakt kam bzw. die Gerätschaften, mit denen das Rindfleisch z. B. geschnitten wurde, nicht vorher zur Verarbeitung von Schweinefleisch verwendet wurden.

Organkrankheiten

Haut- und Haarkleid

Fellveränderungen

Ein stumpfes oder schütteres Fell kann auftreten bei Fehlernährung oder Wurmbefall. Auch Erkrankungen der inneren Organe wie Leber- und Nierenerkrankungen oder Infektionskrankheiten zeigen sich in Haarkleidveränderungen. Eine Abklärung der Ursache durch den Tierarzt ist notwendig.

Hautentzündungen

Sie können örtlich begrenzt auftreten oder sich über den gesamten Körper ausbreiten. Manche Hunde reagieren bei einer kleinen **Hautverletzung** mit starkem Schlecken. Aber die Hundezunge heilt nicht, wie häufig angenommen wird. Die mechanische Reizung des andauernden Leckens führt zur Rötung und Entzündung der Haut. Hier ist eine Verhinderung des Schleckens oft schon die ganze Therapie.

Auch ist bekannt, daß bei hellhäutigen Hunderassen durch **starke Sonneneinstrahlung**, wie z.B. bei Gletscherwanderungen, Entzündungen der Haut auftreten können. Der Besitzer sollte diese Hunde – genau wie sich selbst – vor längerem Aufenthalt in der Sonne mit Sonnenschutzöl einreiben.

Nicht selten sind auch Reizungen der Haut durch **mechanische Einflüsse**. Scheuernde Halsbänder oder Geschirre führen zur Entzündung am Hals oder im Brustbereich; ebenso harte Lager, besonders im Bereich der Knochenvorsprünge, wie z.B. am Ellenbogen- oder Sprunggelenk.

Einmal erkannt, ist es nicht schwierig, hier die Ursache zu beseitigen. Geschieht das nicht, ist oft der Weg bereitet für eine eitrige Entzündung, die häufig mit starkem Juckreiz verbunden ist. Damit erhöht sich die Gefahr einer über die gesamte Körperoberfläche verbreiteten **bakteriellen Entzündung**. Wenn der Besitzer in solchen Fällen nicht frühzeitig den Tierarzt aufsucht, ist eine Heilung, besonders bei Hunden mit verminderten Abwehrkräften, nicht mehr möglich. Finden Sie bei Ihrem Hund runde, haarlose, gerötete Hautareale, in deren Mitte sich schuppige Beläge befinden, und beobachten Sie gleichzeitig Juckreiz, so könnte die Ursache eine **Pilzinfektion** sein. Bitte jetzt nicht eigenhändig mit

Parasiten

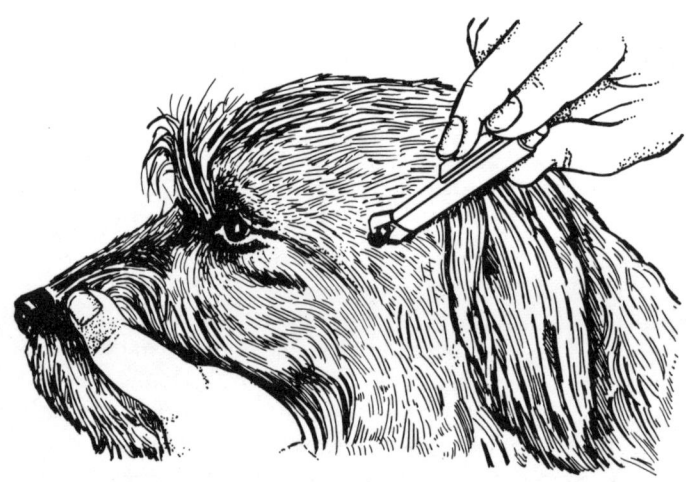

Salben und Tinkturen aus dem Arznei-
schrank behandeln, sondern unverzüglich den Tierarzt aufsuchen! Denn er-
stens breiten sich diese Pilzinfektionen
sehr schnell aus, und zweitens sind gewisse Pilze auch auf den Menschen
übertragbar.

Parasitenbefall

Ein Parasitenbefall der Haut kann
manchmal schon vom Besitzer selbst
festgestellt werden.
Bei den **Zecken** beißen sich die Weibchen in der Haut fest und können dann
vollgesaugt die Größe eines Fingerna-
gels erreichen. Die Männchen sind viel
kleiner, doch bei sorgfältiger Inspektion
des Fells findet man sie zwischen den

Mit einer speziellen Zeckenzange kann man
auch den Leib kleiner Zecken gut fassen.

Haaren krabbelnd auf der Suche nach
dem Weibchen.
Durch den Zeckenbiß können örtliche
Schwellung und Entzündung in Form
von kleinen Pusteln entstehen, die meist
harmlos sind und abheilen. Gefährlich
ist ein Zeckenbefall dennoch, denn Zek-
ken können Überträger von Viren, Bakterien und Protozoen (Einzellern) sein,
die dann Erkrankungen wie Gehirnhaut-
entzündung, Blutarmut und Gelenkent-
zündung verursachen. Deshalb die Zek-
ken entfernen!
Bei der Entfernung ist immer darauf zu
achten, daß der Kopf der Zecke mit entfernt wird. Man faßt den Zeckenleib mit

den Fingern oder mit einer speziellen Zeckenzange und dreht kontinuierlich, mit oder gegen den Uhrzeigersinn, bis die Zecke abfällt.

Beim Ziehen am Zeckenleib bestünde die Gefahr, daß der Kopf abreißt und steckenbleibt. Dies führt dann unweigerlich zu einer Entzündung und örtlichen Vereiterung. Bei massivem Zeckenbefall sollten Sie sich von Ihrem Tierarzt in vorbeugenden Behandlungsmaßnahmen beraten lassen.

Äußere Parasiten des Hundes:
a) Hundefloh (2–3,5 mm)
b) Zeckenmännchen und
c) -weibchen (einige mm)
d) Haarbalgmilbe (0,3 mm)
e) Herbstgrasmilbe (0,2–0,5 mm)
f) Grabmilbe (0,4 mm)

Im Spätsommer und Herbst führen die **Herbstgrasmilben** zu Pustelbildung und Juckreiz. Diese Milben kann der Hundebesitzer mit bloßem Auge oder mit Hilfe einer Lupe als kleine orangefarbene Pünktchen besonders an der dünn behaarten Haut im Bereich des Bauches, der Innenschenkel, der Nase und im Zwischenzehenbereich entdecken. Auch diese Lästlinge müssen in Absprache mit Ihrem Tierarzt bekämpft werden.

Flöhe sind Blutsauger, die sich durch flinkes Davonhüpfen dem Zugriff im Hundefell entziehen. Sie schädigen den Hund nicht nur durch den Blutentzug, sondern können die Ursache einer langwierigen Hautentzündung werden. Der starke Juckreiz, den sie auslösen, führt zum ständigen Beißen und Benagen der

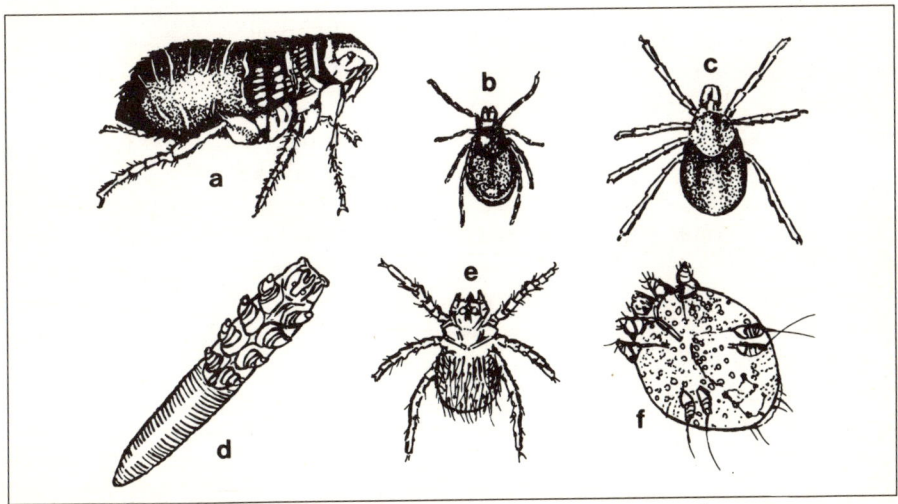

Haut durch den Hund und zu einer durch Bakterien verkomplizierten Entzündung. Nicht vergessen: Der Floh ist Zwischenwirt für den Hundebandwurm; daher immer Flöhe und Bandwürmer bekämpfen!

Da die Flöhe ihre Eier auch in der Umgebung des Hundes, wie im Hundekörbchen, in Teppichen etc., ablegen, genügt nicht die Behandlung des Hundes allein; auch sein Umfeld muß sorgfältig mit in die Behandlung eingeschlossen werden, sonst ist eine Neuansteckung jederzeit möglich. Wirksame Präparate sind im Zoofachhandel erhältlich.

Räudemilben (Haarbalgmilbe und Grabmilbe) sind so kleine Parasiten, daß man sie mit bloßem Auge nicht mehr sehen kann. Anzeichen einer Erkrankung sind starker Juckreiz, Haarausfall, Schuppenbildung und, als Folge des Kratzens, kleine Hautverletzungen, die, durch Bakterien infiziert, zu Eiterungen führen können.

Die **Haarbalgmilbe** (Demodex canis) sitzt tief in der Haut. Besonders gefährdet sind junge Hunde, die sich bereits in den ersten Lebenstagen beim Saugen an der Mutter infizieren. Haarlose Stellen im Kopfbereich und an den Vorderbeinen sind die ersten Indizien. Bei abwehrschwachen Tieren geht diese lokale Form der Erkrankung schnell in eine generalisierte Form über. Wenn als Komplikation eine bakterielle Infektion hinzukommt, zeigen diese Tiere dann über den Körper verteilte Pusteln, die aufbrechen und eitriges Sekret entleeren. In diesen schweren Fällen ist dann meist keine Heilung mehr möglich.

Die **Grabmilben** (Sarcoptes canis) leben in den oberflächlichen Hautschichten und sind leicht auf andere Hunde und auch auf den Menschen übertragbar. Die Erkrankung geht mit starkem Juckreiz einher und umfaßt den gesamten Körper. Eine wirkungsvolle Behandlung des Milbenbefalls setzt die genaue Diagnose durch den Tierarzt voraus.

Augen

Gerötete Augen, zugekniffene Augen, Tränenfluß, ständiges Reiben mit den Pfoten an den Augen – wenn diese Erscheinungen beobachtet werden, ist eine Erkrankung der Augen zu vermuten. Aber schenken Sie dann Ihre Aufmerksamkeit auch dem generellen Verhalten Ihres Hundes. Bei schweren Infektionskrankheiten, wie z.B. Staupe, oder bei eitriger Gebärmutterentzündung und Nierenerkrankungen zeigen die Tiere vermehrten Tränenfluß mit z.T. eitrigem Sekret.

Ist Ihr Hund jedoch sonst munter und zeigt nur lokale Veränderungen, dann ist erst einmal eine **Entzündung der Bindehaut** wahrscheinlich. Ursache

Stellung der Augenlider.
a) Gesundes Auge
b) Ektropium (auswärts geklapptes Unterlid)
c) Entropium (einwärts gerolltes Unterlid)

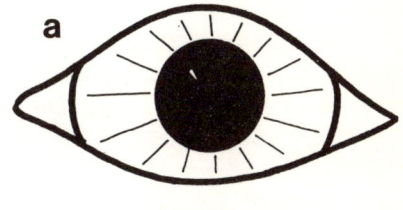

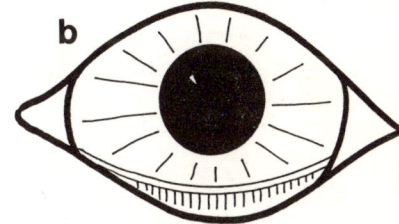

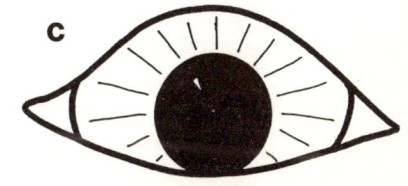

kann Zugluft, z. B. durch Autofahren bei geöffnetem Fenster, sein, oder Ihr Hund liegt, um das Haus zu bewachen, an zugigen Stellen.

Auch eine Allergie auf Gräserpollen kann zu diesen Erscheinungen führen. Mit einer geeigneten Augensalbe vom Tierarzt ist eine schnelle Heilung der Erkrankung möglich.

Fehlstellungen der Augenlider wie das Einwärtsrollen der Lidränder (**Entropium**) oder das Auswärtsklappen der Lidränder (**Ektropium**) führen zur stetigen Reizung des Auges. Beim Einrollen der Lidränder reiben die Wimpernreihen am Augapfel und verursachen die Entzündung. Beim Ektropium liegt das Auge zu offen und ist den Umwelteinflüssen ungeschützt ausgeliefert. Manchmal schädigen auch **fehlgestellte Wimpern**, die statt nach außen nach innen auf den Augapfel zu wachsen, die Hornhaut.

Bei länger anhaltenden Entzündungen des Auges sollte auf jeden Fall der Tierarzt zu einer genauen Diagnosestellung aufgesucht werden. Denn wenn die Entzündung auf die Hornhaut übergreift, muß im schlimmsten Fall mit einem Sehverlust gerechnet werden.

Trübungen der Hornhaut sind vom Besitzer bei schräg einfallendem Licht gut zu beobachten. Suchen Sie dann sofort den Tierarzt auf, denn bei tiefgreifenden Veränderungen der Hornhaut ist das Auge gefährdet.

Vor **Fremdkörpern** ist das Hundeauge gut geschützt, da der Hund, im Gegensatz zum Menschen, ein drittes Augenlid besitzt, das sich vom inneren Augenwinkel her über das Auge legt. Haben

Sie trotzdem den Verdacht, daß ein Fremdkörper die Ursache der Erkrankung sein könnte, so untersuchen Sie das Auge Ihres Hundes. Am besten hält eine Hilfsperson den Kopf des Hundes, und Sie selbst spreizen mit einer Hand die Augenlider auseinander, was oft sehr schwierig ist. Entdecken Sie einen Fremdkörper, so versuchen Sie ihn mit der Ecke eines Taschentuches oder einem Wattestäbchen zu entfernen. Gelingt es Ihnen nicht, so suchen Sie sofort den Tierarzt auf.

Auch wenn der Hund ein »Nasentier« ist, das sich mit nachlassender Sehkraft ganz gut zurechtfindet, sollten Sie als Besitzer doch auch die Augen regelmäßig kontrollieren, denn ein ungetrübter Hundeblick ist sowohl für den Hund als auch für Frauchen und Herrchen erfreulich.

Ohren

Vermehrtes Kopfschütteln oder Kratzen am Ohr zeigt deutlich, daß irgend etwas nicht in Ordnung ist.

An der behaarten Haut der **Ohrmuschel** können genau die gleichen Hauterkrankungen auftreten, wie sie im Kapitel über Haut und Haarkleid bereits geschildert wurden. Durch langanhaltendes Kratzen am Ohr können kleine Gefäße in der Unterhaut platzen, und die Folge ist ein sogenanntes **Blutohr**. Durch den Bluterguß schwillt das Ohr wie ein Ballon an und hängt bei Stehohren nach unten. Hier kann der Tierarzt durch einen kleinen operativen Eingriff helfen.

Entzündungen im äußeren Gehörgang zeigen sich zuerst durch vermehrte Ohrschmalzproduktion. Bitte behandeln Sie nicht selber, sondern gehen Sie zum Tierarzt, der mit einem speziellen Gerät den Gehörgang untersuchen kann.

Die Ursachen der Entzündung können sehr vielfältig sein: Fremdkörper, Ohrmilbenbefall, Polypen, die den Gehörgang verengen, Infektion mit Bakterien oder Pilzen. Durch eigene Manipulation im Gehörgang mit Wattestäbchen verschlimmern Sie den Zustand nur. Und wenn dann der sogenannte »Ohrenzwang« chronisch geworden ist, sind die gepeinigten Hunde oft nur noch mit schweren Zwangsmaßnahmen oder sogar nur in Narkose zu behandeln. Also lassen Sie es bitte nicht soweit kommen. Ihr Hund dankt Ihnen den rechtzeitigen Weg zum Tierarzt.

Atmungsorgane

Der **Nasenspiegel** des Hundes ist normalerweise kühl und feucht. Gelegentlich, besonders bei Hunden, die viel in der Erde herumstöbern, ist er trocken. Bei schweren, fieberhaften Erkrankungen ist er heiß, trocken, und die Haut ist rissig.

Vermehrter Nasenausfluß, erst wäßrig, dann eitrig oder auch blutig, verbunden mit häufigem Niesen, ist ein Anzeichen einer Entzündung der **Nasenhöhle**; auch Fremdkörper oder Tumore können die Ursache sein, die der Tierarzt herausfinden sollte.

Laute **Schnarchgeräusche** sind oft harmlos und kommen besonders bei kurzschnäuzigen Hunderassen, wie z.B. Boxern, Boston Terriern und Pekinesen, vor. Besprechen Sie das Problem beim nächsten Tierarztbesuch.

Anfallweises Auftreten von akuter Atemnot bei Zwergrassen, besonders bei Aufregung oder Anstrengung, sind die Anzeichen für einen sogenannten **Luftröhrenkollaps**. Durch heftige Atembewegung kommt es hierbei zu einer momentanen Verengung der Luftröhre. Versuchen Sie durch Zureden und sanfte Massage der Kehle, den Hund zu beruhigen. Meist erholt er sich schnell. Doch suchen Sie auf jeden Fall den Tierarzt zur Abklärung der Ursache auf.

Schluckbeschwerden und Hustenstöße lassen auf Erkrankungen des Kehlkopfes, der Luftröhre und der Lunge schließen. Ursache können Infektionen, z.B. Zwingerhusten, Staupe, bei Junghunden eine durch starken Wurmbefall verursachte Lungenentzündung, oder aber auch Fremdkörper, wie kleine

Grannen, in der Luftröhre sein. Vor Ihrem Tierarztbesuch sollten Sie schon die Temperatur des Hundes messen; sie ist ein wertvoller Hinweis zur Diagnosestellung.

Erkrankungen der Lunge sind eine ernste Angelegenheit. Nicht ausgeheilte **Lungenentzündungen** haben bleibende Schäden zur Folge. Bitte folgen Sie genau den Anweisungen Ihres Tierarztes. Häufig tritt bei starkem Husten Erbrechen mit auf. Wenn Ihr Tierarzt Tabletten verschrieben hat, müssen Sie darauf achten, daß diese Tabletten im Magen bleiben und dort auch wirken können. Wenn dies durch Erbrechen nicht gewährleistet ist, dann lieber die Medikamente beim Tierarzt durch Spritzen verabreichen lassen.

Herz

Auf Erkrankungen des Herzens deuten Leistungsabfall des Hundes (besonders bei warmem Wetter), Husten, verstärkte Atmung oder Blauverfärbung der Zunge hin. Zuerst treten Erscheinungen bei erhöhter Anstrengung auf; in fortgeschrittenen Fällen sind sie auch bereits bei geringer körperlicher Betätigung zu beobachten. Wenn Sie diese Symptome bei Ihrem Tier bemerken, bitten Sie den Tierarzt, das Herz genau zu untersuchen.

Verdauungsorgane

Mundhöhle

Auf Erkrankungen der Mundhöhle weisen unangenehmer Mundgeruch oder starkes Speicheln hin.

Wie im Kapitel »Vorbeugende Maßnahmen und Hygiene« geschildert, ist die Zahnpflege beim Hund sehr wichtig. Im Gegensatz zum Menschen leidet der Hund wenig an Karies. Doch können durch abgebrochene Zähne Bakterien in die Zahnwurzel eindringen, und es kommt zur gefürchteten **Zahnfistel**. Nur sehr empfindliche Hunde stellen dann das Fressen ein oder meiden z.B. harte Hundeknochen. Meist fällt dem Besitzer eine starke Schwellung z.B. unterhalb des Auges auf, die auch aufbrechen und eitern kann. Dann muß der entsprechende Zahn, an dessen Wurzel die Entzündung sitzt, gezogen werden.

Entzündungen des Zahnfleisches und der Mundschleimhaut sind sowohl für den Besitzer, belästigt durch den übelriechenden Mundgeruch, wie auch für den Hund sehr unangenehm und vor allem meist langwierig in der Behandlung. Ursache können massiver Zahnsteinbelag, zwischen den Zähnen eingeklemmte Fremdkörper, lockere Zähne oder meist gutartige Tumore des Zahnfleisches sein. Stellen Sie gemeinsam mit Ihrem Tierarzt die Ursache ab.

Rachen

Eine Rachen- und Mandelentzündung ist oft Begleiterscheinung einer Infektionskrankheit. Die Tiere zeigen deutliche Schluckbeschwerden, z.T. Erbrechen und Husten. Messen Sie die Temperatur, und wenden Sie sich zur Behandlung gleich an Ihren Tierarzt.

Fremdkörper

Besonders junge Hunde neigen dazu, beim Spielen die unmöglichsten Gegenstände zu verschlucken. Aber auch ältere Hunde können – z.B. beim Apportieren – Steine, Glaskugeln, Gummibälle etc. abschlucken. Auch gierig verschluckte größere Knochenstücke können die folgenden Krankheitserscheinungen verursachen.

Wenn der Fremdkörper im Rachen steckenbleibt, so kann ihn der Besitzer meist selbst entfernen. Man öffnet hierzu das Maul des Hundes, und eine Hilfsperson hält den Fang offen, während der Besitzer den Zungenrücken mit dem Finger nach unten drückt, den Rachen genau untersucht und den dort liegenden Fremdkörper entfernt.

Bleibt er jedoch in der Speiseröhre stecken, so würgt der Hund und streckt auffällig seinen Hals. Oftmals läßt sich der Fremdkörper auf der linken Seite des Halses fühlen. Wenn er im Brustbereich

48

der Speiseröhre steckenbleibt, so nehmen die Hunde z. T. noch Futter und Wasser auf, würgen es aber nach kürzester Zeit wieder heraus. Suchen Sie bitte schleunigst den Tierarzt auf.

Wird der Fremdkörper ganz hinuntergeschluckt, so bleibt meist der Appetit in der ersten Zeit erhalten. Dann folgt Erbrechen, und wenn man Glück hat, wird der Fremdkörper mit erbrochen.

Deshalb ist zu empfehlen, so unangenehm das für manche Besitzer auch sein mag, das Erbrochene immer zu untersuchen.

Wandert der Fremdkörper aus dem Magen weiter in den Darm, so kann die Folge ein akuter Darmverschluß sein. Anfangs nehmen die Tiere noch Nahrung auf, die aber wieder erbrochen wird. Der Brechreiz steigert sich, die Nahrungsaufnahme wird verweigert, und der Hund setzt keinen Kot mehr ab. Der Bauch des Hundes kann aufgebläht sein und sehr schmerzhaft. Wenn die letztgenannten Symptome auftreten, sollten Sie schnellstens zum Tierarzt gehen.

Magen

Entzündungen der Magenschleimhaut können sehr unterschiedliche Ursachen haben. Sie sind begleitet von Erbrechen und Futterverweigerung. Als Ursachen kommen Fütterungsfehler, wie schwerverdauliche, gärende oder zu kalte Nahrungsmittel, im Winter Schneefressen, in Frage. Aber auch Giftaufnahme, Infektionskrankheiten wie Staupe, Leptospirose, Parvovirose, starker Wurmbefall und Erkrankungen anderer innerer Organe wie Leber und Niere können der Grund sein.

Bei häufigem Erbrechen kommt es zu Salzverlusten, die das Erbrechen weiter steigern. Deshalb als erste Hilfe Futterentzug für einen Tag und Wasser mit einer Prise Kochsalz anbieten. Stabilisiert sich der Zustand, kann man den Hund langsam mit mehreren kleinen Portionen, über den Tag verteilt, anfüttern. Am besten eignen sich abgekochtes Hühnerfleisch, natürlich ohne Knochen, und Haferflocken oder Reis. Verschlechtert sich der Zustand Ihres Hundes, bitte sofort den Tierarzt aufsuchen.

Eine hochakut verlaufende Erkrankung des Magens ist die **Magenblähung** oder **Magendrehung**. Sie tritt fast ausschließlich bei großen Hunderassen wie Doggen, Bernhardinern, Settern und Schäferhunden nach der Fütterung auf. Die Tiere zeigen Unruhe, und der Leib ist tonnenartig aufgetrieben.

Atemnot und Kreislaufschwäche sind die Folgen. Rufen Sie sofort Ihren Tierarzt an, und schildern Sie die Symptome, damit er beim Eintreffen des Hundes in der Praxis die nötigen Vorbereitungen bereits getroffen hat. Denn jetzt entscheiden oft Minuten über das Leben des Tieres.

Vorbeugend sollten Sie bei der Fütterung des Hundes darauf achten, daß das Futter nicht verunreinigt ist und der Hund nach der Futteraufnahme Ruhe hat.

Darm

Zeichen einer Erkrankung des Darms können Durchfall oder das Gegenteil, Verstopfung, sein.

Zeigt Ihr Hund **Durchfall** bei anhaltendem Appetit, so kann das harmlos und rein fütterungsbedingt sein. Abführend können jedes ungewohnte Futter, Innereien, Milch oder Fett wirken.

Durchfall über längere Zeit, mit gesteigertem Appetit und Gewichtsverlust trotz Aufnahme großer Futtermengen, sollte Sie veranlassen, den Kot des Hundes genauer zu untersuchen. Finden Sie Würmer im Kot, so steht die Diagnose fest. Ist der Kot grau bis ockerfarben und glänzt er speckig, so kann die Ursache eine Unterfunktion der Bauchspeicheldrüse sein. Dann sollten Sie sofort mit Hund und Kotprobe den Tierarzt aufsuchen. Man kann den Hunden mit einer speziellen Diät helfen.

Durchfall über ein bis zwei Tage bei einem sonst munteren Hund kann durch Futterentzug über 24 bis 36 Stunden und danach einer Diät aus Magerquark (1 Teil) und gekochtem Reis (2 Teile) behandelt werden. Bei Steigerung des Durchfalls mit Erbrechen, blutigem Kot und Fieber sollten Sie schnell den Tierarzt aufsuchen, denn als Ursache kommen Wurmbefall, Infektionskrankheiten wie Staupe, Parvovirose, Leptospirose und Vergiftungen in Frage.

Achtung: Der Flüssigkeitsverlust kann besonders bei kleinen Hunden sehr schnell zur Austrocknung führen.

Verstopfung zeigt sich darin, daß der Hund zwar stark preßt, aber keinen oder nur kleine Mengen harten Kot absetzen kann. Ursache kann Knochenfütterung sein. Gaben von Salatöl oder Milch sind einen Versuch wert, wenn noch Kot abgesetzt werden kann. Wird gar kein Kot mehr abgesetzt, so sollten Sie zum Tierarzt gehen, der mit Einläufen dem Tier helfen kann.

Haben Sie einen älteren Rüden, der keine Knochen zu fressen bekommt und sich trotzdem beim Häufchenmachen abmüht, so kann auch eine vergrößerte Prostata die Ursache für seine Probleme sein. Deren Behandlung gehört in tierärztliche Hand.

Versucht Ihr Hund, sich am After zu lecken, oder rutscht auf dem Po, was auch als »Schlittenfahren« bezeichnet wird, so sollten Sie den After und seine Umgebung untersuchen. Ursächlich kommen Wurmbefall oder eine **Verstopfung der Analbeutel** in Frage. Rechts und links des Afters sitzen diese Drüsen und ihr Sekret wird normalerweise beim Kotabsatz entleert. Sind die Drüsen entzündet oder verstopft, so schwellen sie an, und der Tierarzt muß sie ausdrücken bzw. die Entzündung behandeln.

Harnapparat

Auf Erkrankungen der Niere weisen vermehrter Durst, häufiger Harnabsatz und Veränderungen des Harns hin.
Bei einer akuten **Nierenentzündung** können sich Fieber, Mattigkeit und ein aufgekrümmter Rücken einstellen. Die Hunde haben meist keinen Appetit, im fortgeschrittenen Stadium stellt sich dann auch Erbrechen ein, und bei Nichtbehandlung kann es zum Nierenversagen kommen. Es werden dann nur noch geringe Mengen Harn gebildet, und durch die Anreicherung der nicht ausgeschiedenen Substanzen im Blut kommt es zu einer »Vergiftung«. Deshalb lassen Sie es nicht soweit kommen, sondern gehen Sie frühzeitig, am besten gleich mit einer Harnprobe, zu Ihrem Tierarzt. Eine **Harnblasenentzündung** ist weniger gefährlich als eine Nierenentzündung, doch können die Bakterien von der Harnblase zur Niere hochwandern, so daß die Niere nachträglich mit infiziert wird. Häufiger Harnabsatz, oft nur in kleinen Portionen, oder der Verlust der Stubenreinheit sind die ersten Anzeichen.
Wenn Blut im Harn auftritt, kann dies auch ein Hinweis für **Harnsteine** sein. Beim Rüden können selbst kleine Steine große Probleme verursachen, da die Harnröhre im Penis im Ausschnitt des Penisknochens verläuft und sich nicht ausdehnen kann. Steckt hier ein kleiner Stein, so versucht der Rüde laufend, Harn abzusetzen, und bringt unter Schmerzen doch nur Tröpfchen oder gar keinen Harn heraus. Hier sollte der Tierarzt aufgesucht werden, um den Harnfluß wieder zu ermöglichen.
Bei der Hündin mit ihrer weiteren Harnröhre können kleine Steine mit dem Harn abgesetzt werden, so daß es selten zum Harnröhrenverschluß kommt.

Geschlechtsorgane

Männliche Geschlechtsorgane

Wenn Sie einen männlichen Hundewelpen kaufen, so sollten im Alter von 12 Wochen beide Hoden im Hodensack zu fühlen sein. Fehlt der Hoden auf einer oder beiden Seiten, so kann er entweder im Leistenkanal steckengeblieben sein oder noch in der Bauchhöhle liegen. Dies verursacht keine Beschwerden, doch im Alter können diese **fehlgelagerten Hoden** sich zu Tumoren entwickeln,

Geschlechtsorgane

die z.T. bösartig sind und Tochterge-schwülste bilden. Besprechen Sie das Problem mit Ihrem Tierarzt.

Ein Rüde, besonders wenn im Umkreis viele läufige Hündinnen leben, neigt zur **Entzündung der Vorhaut.** Der Rüde schleckt sich dann häufig an der Vorhaut und hinterläßt kleine Flecken durch das Abtropfen eitrigen Sekrets. Die Erkrankung ist nicht gefährlich, doch störend. Der Tierarzt wird Ihnen durch Verabreichung eines geeigneten Medikaments helfen.

Obwohl eine **Kastration,** die Entfernung der Hoden, einfacher durchzuführen ist als bei der Hündin die Entfernung der Eierstöcke, wird der Rüde seltener kastriert. Die Rüden bekommen ja auch keine Welpen. Doch Spaß beiseite. Rüden, die streunen und unter den läufigen Hündinnen der Umgebung leiden, kann durch eine Kastration geholfen werden. Doch unerwünschte Verhaltensweisen, wie Aggressivität gegenüber Geschlechtsgenossen oder gegenüber Menschen, werden damit nicht ausgeschaltet, denn sie sind nicht allein hormonabhängig, sondern Charaktereigenschaften, die sich nicht wegoperieren lassen.

Weibliche Geschlechtsorgane

Um Störungen im Sexualzyklus der Hündin feststellen zu können, ist die Kenntnis des Normalfalles Voraussetzung: Bitte notieren Sie Eintritt und Ablauf der Läufigkeit Ihrer Hündin, um Abweichungen sicher nachvollziehen zu können.

Die erste **Läufigkeit** tritt im Alter von 7 bis 10 Monaten auf. Danach wird eine gesunde Hündin zwei mal im Jahr läufig – bis an ihr Lebensende.

Als erstes Anzeichen der Läufigkeit stellt der Besitzer eine Schwellung der Schamlippen fest. Nach 2 bis 3 Tagen folgt wäßrig-blutiger Ausfluß, der 6 bis 8 Tage anhält. Diesen Zeitabschnitt nennt man die Vorbrunst oder Proöstrus. Danach folgt das 5- bis 10tägige Stadium der Brunst oder Östrus. Das Sekret verringert sich und wird farblos. Nun akzeptiert die Hündin die Rüden, sie ist deckbereit.

Danach, so ab dem 19. Tag, beißt die Hündin die Rüden wieder weg, die Schamlippen schwellen ab, und nach insgesamt 21 bis 26 Tagen ist die Läufigkeit beendet.

Veränderungen im Ablauf der Läufigkeit, z.B. starke und länger andauernde Blutungen, sollten für Sie der Anlaß sein, eine genauere Untersuchung durchführen zu lassen.

Sechs bis acht Wochen nach der Läufigkeit ist der kritische Zeitpunkt für eine **Gebärmutterentzündung.** Erste Anzeichen sind Mattigkeit, vermehrter Durst und Appetitlosigkeit. Stellt sich Erbre-

Läufigkeit

Sexualzyklus der Hündin

Zyklusphase	Dauer	Erscheinungen
Vorbrunst (Proöstrus)	9 bis 11 Tage	Schamlippen geschwollen, Ausfluß blutig
Brunst (Östrus)	5 bis 10 Tage	Schamlippen geschwollen, Ausfluß klar, gering, Rüde wird akzeptiert
Rückbildungsphase (Metöstrus)	30 bis 60 Tage	Schamlippen schwellen ab, Ausfluß versiegt, Rüde wird abgewiesen
Ruhephase (Anöstrus)	Dauer variiert	

chen ein, eine Zunahme des Bauchumfanges und entdeckt der Besitzer Scheidenausfluß, dann sollte der Tierarzt schnellstens aufgesucht werden.

Eine andere Störung kann vier bis acht Wochen nach der Läufigkeit auftreten: die sogenannte **Scheinträchtigkeit.** Die Hündin zeigt verändertes Verhalten: Sie will kaum noch Spaziergänge machen, zeigt Nestbauverhalten, legt Spielsachen oder ähnliches als Welpenersatz in ihr Nest, das Gesäuge schwillt an, und Milch tritt aus den Zitzen aus. Ursache ist eine hormonelle Störung.

Sie können Ihrer Hündin dadurch helfen, daß Sie das Futter reduzieren, um die Milchproduktion zu hemmen, und Sie können sie durch lange Spaziergänge und Spielen ablenken. Auf jeden Fall muß das Selbstbesaugen der Hündin verhindert werden, denn das kann eine Milchdrüsenentzündung zur Folge haben. Auch kühlende Umschläge am Gesäuge geben Ihrer Hündin Linderung. Bei starker Milchbildung sollten Sie ihren Tierarzt um Rat und Beistand aufsuchen.

Läufigkeitsverhinderung

Haben Sie sich für eine Hündin entschieden, so muß Ihnen klar sein, daß das Tier zweimal im Jahr läufig wird. Wenn Sie keinen Nachwuchs haben wollen, so

Läufigkeit

ist während dieser Zeit Ihre Aufmerksamkeit gefordert.

Führen Sie die Hündin nur an der Leine spazieren, da unter dem Einfluß der Hormone selbst die folgsamste Hündin ihren Trieben unterliegt, in der Zeit der Hitze die Rüden sucht und, wenn sich die Gelegenheit ergibt, mit dem Auserwählten davonläuft.

Auch die Belagerung Ihrer Tür durch liebestolle Rüden kann äußerst lästig sein, so daß man als Besitzer einer Hündin zu einer Entscheidung gezwungen wird.

Es gibt zwei Möglichkeiten: die medikamentelle Läufigkeitsunterdrückung oder die operative Form, die Kastration. Zur Unterdrückung der Läufigkeit wird ein Hormonpräparat in Depotform sechs Wochen vor der zu erwartenden Läufigkeit injiziert. Ihr Tierarzt wird Ihnen den Termin für die nächste Spritze nennen, er ist je nach Präparat unterschiedlich. Allerdings ist diese Behandlung nicht frei von Nebenwirkungen. Im Alter können vermehrt Gebärmutterentzündungen und Gesäugetumoren entstehen.

Die zweite Möglichkeit besteht im operativen Eingriff, der Kastration. Unter Vollnarkose werden der Hündin die Eierstöcke und in der Regel auch die Gebärmutter entfernt. Dadurch wird die Hündin nie mehr läufig. Wenn die Tiere zu jung kastriert werden, kann es auf Grund von Östrogenmangel zum Harnträufeln kommen. Um dieses Risiko auszuschalten, empfiehlt sich die Kastration erst nach der zweiten Läufigkeit.

Landläufig wird dieser Eingriff als Sterilisation bezeichnet. Doch bei einer Sterilisation werden nur die Eileiter durchtrennt. Die Folge ist, daß die Hündin zwar nicht mehr trächtig werden kann, aber normale Läufigkeitssymptome mit allen Nachteilen und Risiken zeigt.

Das Dickwerden als oft befürchtete Begleiterscheinung der Kastration ist und bleibt eine Sache der Fütterung. Natürlich kostet die Läufigkeit und die damit verbundene Unruhe die Hündin Energie und verursacht damit einen erhöhten Kalorienverbrauch. Deshalb ist die nach der Operation neutralisierte und ruhigere Hündin eben entsprechend zurückhaltender zu füttern. Treffen Sie die Entscheidung zur Kastration nach Beratung mit Ihrem Tierarzt.

Vielleicht haben Sie ja auch eine Hündin, die sich während der Läufigkeit unauffällig verhält. Wenn überdies keine aufdringlichen Rüden in Ihrer Nähe wohnen, werden Sie und Ihre Hündin sicher nicht belästigt. Und damit der blutige

Oben: Eine Lupe ist nützlich, um Fremdkörper im Auge zu finden.
Unten: Die Daumenkralle sollte gekürzt werden, damit sie nicht in die Haut einwächst.

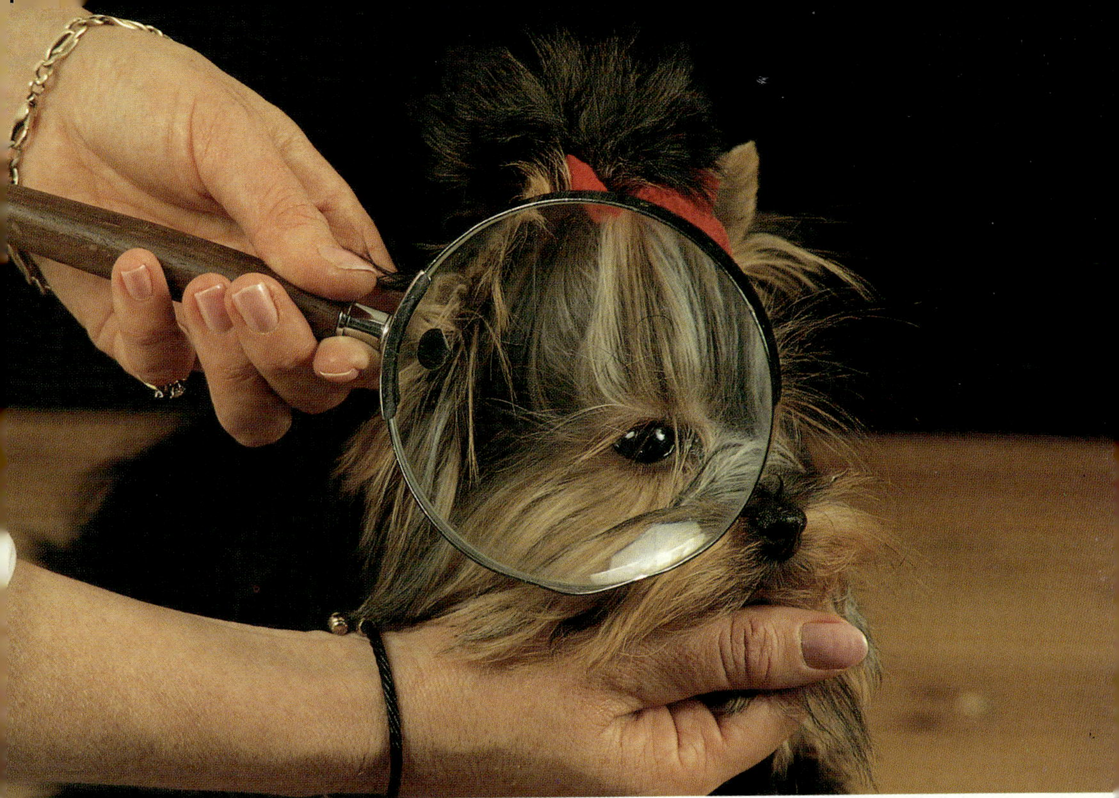

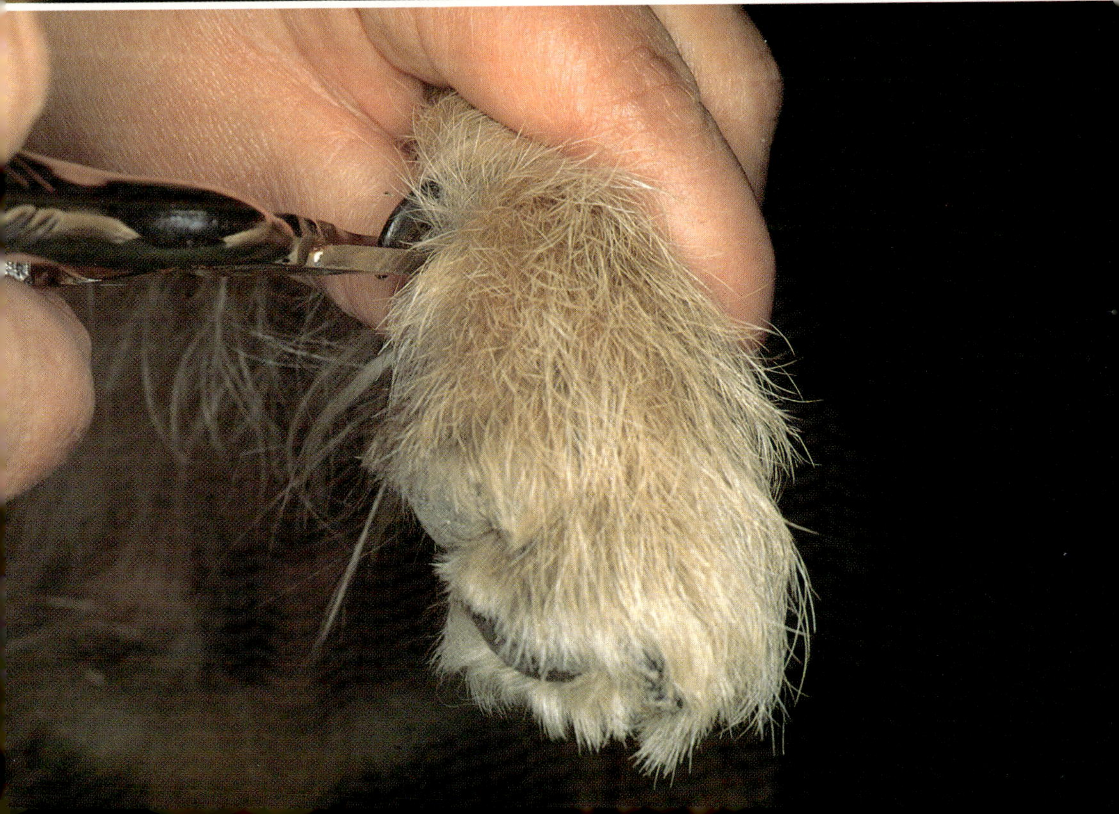

Fortpflanzung

Scheidenausfluß keine Flecken auf Ihrem Teppich hinterläßt, kann man der Hündin ein spezielles Höschen mit Zellstoffeinlagen im Zoofachhandel besorgen.

Fehldeckung

Entwischt Ihnen Ihre Hündin am Höhepunkt der Läufigkeit und Sie kommen erst dazu, wenn der Rüde bereits die Hündin umklammert, so ist jedes Eingreifen zu spät. Da während des Deckaktes der knollenartige Schwellkörper am Penis des Rüden den Scheideneingang der Hündin fest verschließt, würde ein gewaltsames Trennen der Tiere zu schweren Verletzungen bei der Hündin wie auch beim Rüden führen. Nach dem Deckakt bleiben die Tiere noch für ca. 15–20 Minuten fest verbunden, bis der Schwellkörper sich wieder zurückgebildet hat.
Durch Hormoninjektionen am 3., 5., 7. oder am 5., 7., 9. Tag nach dem Deckakt kann die Trächtigkeit noch verhindert werden. Besprechen Sie jedoch auch die Nebenwirkungen dieser Maßnahme, wie verlängerte Läufigkeit und Gefahr der Gebärmutterentzündung, mit Ihrem Tierarzt.

Eine Golden Retriever-Hündin mit ihrem prächtigen Welpen.

Trächtigkeit und Geburt

Möchten Sie mit Ihrer Hündin züchten, so kann der Tierarzt zwischen dem 24. und 28. Tag nach dem Deckakt durch Betasten oder eine Ultraschalluntersuchung die Trächtigkeit feststellen. Eine erhöhte Futteraufnahme und die Zunahme der Leibesfülle zeigen auch scheinträchtige Tiere. Diese Anzeichen sind deshalb nicht ausreichend sicher. Ab dem 50. Tag der Trächtigkeit kann auch mit Hilfe von Röntgenaufnahmen die Diagnose gestellt werden, da sich zu diesem Zeitpunkt das Skelettsystem der Welpen röntgenologisch darstellen läßt. Eine normale Trächtigkeit dauert durchschnittlich 63 Tage. Schwankungen zwischen 59 und 67 Tagen sind noch im Bereich des Normalen.
Die bevorstehende Geburt erkennt man am veränderten Leibesumfang der Hündin; das Ausmaß der Zunahme wird durch die Anzahl der Welpen bestimmt. Das Gesäuge schwillt an, und die Milch schießt ein. Bei manchen Hündinnen setzt die Milchproduktion aber auch erst nach der Geburt ein.
Das Verhalten der Hündin ändert sich; sie wird unruhig und beginnt, ein Nest zu bauen, indem sie Kissen und Decken herbeischleppt. In den Stunden vor der Geburt verweigert die Hündin meist die Futteraufnahme. Ein wichtiger Hinweis auf die bevorstehende Geburt ist die

Körpertemperatur: Ca. 18 bis 24 Stunden vor der Geburt sinkt die Temperatur auf den niedrigsten Punkt ab; sie kann unter 37°C liegen. Am besten mißt der Besitzer ab dem 58. Tag der Trächtigkeit die Temperatur der Hündin und kann so rechtzeitig die Vorbereitungen zur Geburt treffen.

Die Geburt selbst läßt sich in zwei Phasen unterteilen. Während des Eröffnungsstadiums – es dauert bis zu 8 Stunden – wird der Geburtsweg geweitet. Während dieser Zeit ist die Hündin meist sehr unruhig und läuft hin und her. Es kommt zum Blasensprung. Im anschließenden Austreibungsstadium hat die Hündin deutliche Wehen. Die Austreibung der ersten Welpen benötigt meist mehr Zeit als die der folgenden Welpen. Der Abstand zwischen den Welpen sollte 2 Stunden nicht überschreiten. Die Gesamtdauer der Geburt beträgt 6–8 Stunden. Ist sie nach 12 Stunden noch nicht beendet, sollte der Tierarzt zu Rate gezogen werden.

Milchdrüse

Ein gewissenhafter Besitzer sollte besonders nach der Läufigkeit das Gesäuge der Hündin überwachen. Durch Abtasten kann man gut kleine Knötchen entdecken. Sie sollten deren Größe monatlich kontrollieren, denn es kann sich um harmlose Verdickungen oder bösartige Gesäugetumoren handeln. Sie sollten sie Ihrem Tierarzt beim nächsten Routinebesuch zeigen bzw. bei sehr schneller Vergrößerung oder Auftreten von mehreren Knoten gleich den Tierarzt besuchen.

Skelettsystem

Knochenwachstumsstörungen

Knochenwachstumsstörungen beim jungen Hund sind nicht selten. Besonders gefährdet sind schnellwüchsige Hunde großer Rassen. Die Tiere sind bewegungsunfreudig, zeigen einen klammen Gang bis hin zu starker Schmerzhaftigkeit. Bemerkt der Besitzer dann noch Verdickungen, besonders im Bereich des Handwurzelgelenks, sollte er sofort den Tierarzt aufsuchen. Ursache können Kalzium-, aber auch Vitaminmangel sein. Bitte nicht selbst herumexperimentieren, sondern nach der Diagnosestellung durch den Tierarzt eine konsequente Futterumstellung durchführen!

Fehlentwicklungen von Gelenken

Beim jungen Hund können sich Knorpelteile vom Gelenkknorpel ablösen und zu schweren Lahmheiten führen. Besonders betroffen sind Schulter-,

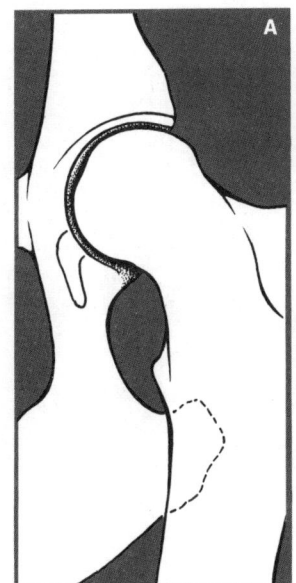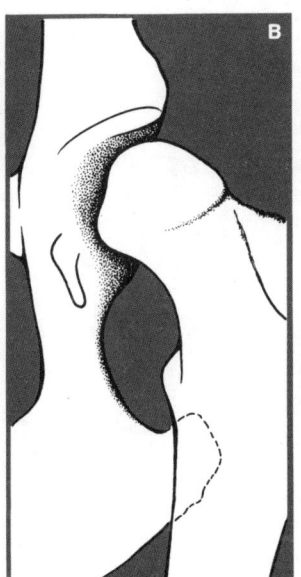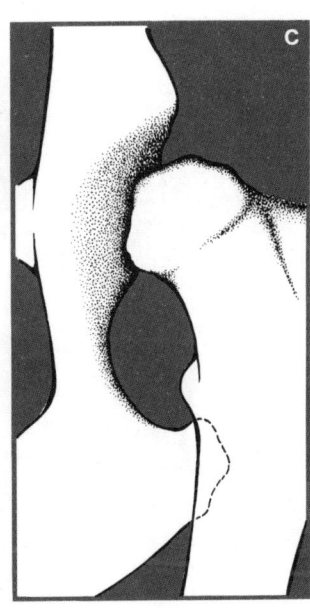

Hüftgelenksdysplasie.
A) Normales Hüftgelenk,
B) mittlere und
C) schwere Hüftgelenksdysplasie

Knie- und Sprunggelenk bei großen Hunderassen. Die Diagnose stellt der Tierarzt meist mit Hilfe von Röntgenaufnahmen. Eine Operation mit Entfernung der »Gelenkmäuse« hilft Ihrem Hund.
Eine andere Fehlentwicklung von Gelenken ist die sogenannte **Hüftgelenksdysplasie**, abgekürzt HD. Das ist eine Mißbildung im Hüftgelenk, bei der es zwischen dem Oberschenkelkopf und der Hüftgelenkspfanne zu einer Fehlstellung kommt. Im Laufe der Zeit führt dies unweigerlich zu Arthrosen im Gelenk, bzw. in sehr schlimmen Fällen kann es zum Herausspringen des Oberschenkelkopfes aus der Pfanne kommen. Die Diagnose wird durch eine spezielle Röntgenaufnahme gestellt.
Hunde großer Rassen sind besonders gefährdet. Oft fällt dem Besitzer auf, daß der Hund nicht ausdauernd beim Laufen ist, Springen über Hindernisse meidet und in fortgeschrittenen Fällen Schwächen in der Nachhand zeigt. Wen-

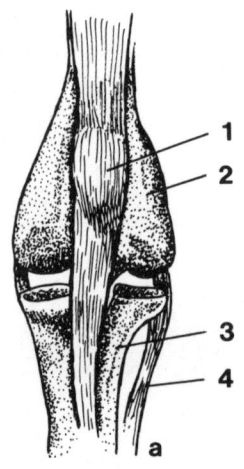  

a   b   c

Kniescheibenluxation.
a) Normale Stellung der Kniescheibe,
b) Verlagerung der Kniescheibe nach innen und
c) nach außen.

| 1 Kniescheibe | 3 Schienbein |
| 2 Oberschenkelknochen | 4 Wadenbein |

den Sie sich wegen einer Behandlung sofort an Ihren Tierarzt.
Bei Zwergrassen ist eine angeborene Fehlentwicklung im Kniegelenk, die sogenannte **Kniescheibenluxation,** bekannt. Dem Besitzer fällt ein merkwürdiges Verhalten beim Laufen des Hundes auf. Das Tier läuft erst ganz normal auf vier Beinen, zieht plötzlich ein Hinterbein hoch, streckt es, zieht es erneut hoch und streckt es wieder, während es auf drei Beinen weiterläuft. Dann setzt es das kranke Bein wieder auf und läuft normal weiter.

Die Ursache ist eine zu flach ausgebildete Knochenrinne am unteren Teil des Oberschenkelknochens. Normalerweise gleitet die Kniescheibe bei der Gelenkbewegung in dieser Rinne. Ist sie aber zu flach, so springt die Kniescheibe nach innen oder nach außen heraus. Dies führt im Laufe der Zeit zur Bänderdehnung und zur Arthrose. Auch hier kann der Tierarzt, wenn nötig durch operatives Vorgehen, helfen.

Lahmheiten

Lahmheiten sollten vom Besitzer genau beobachtet werden:

- Plötzliches Auftreten, Erscheinung erst hochgradig, nach einigen Tagen Besserung;
- erst schwache Anzeichen, die sich im Laufe von Tagen oder Wochen verschlechtert haben;
- Lahmheiten nach der Ruhe, die sich nach einer Weile Bewegung abschwächen;
- Lahmheiten nach starker Belastung;
- Lahmheit ist ständig vorhanden und deutlich.

Wenn Sie dies dem Tierarzt schon schildern können, helfen Sie bei der Ursachenfindung.

Wenn der Hund beim Spazierengehen plötzlich aufschreit und eine Extremität schont, ist das der Anlaß für eine Untersuchung: Legen Sie den Hund auf die Seite, und beginnen Sie die Untersuchung des Beines immer an der Pfote. Ein eingetretener Dorn, eine kleine Verletzung des Ballens durch Glassplitter, eine eingerissene Kralle oder eine Klette im Zehenzwischenraum können die Ursache der Lahmheit sein. Ist dies nicht der Fall, so beugen und strecken Sie die folgenden Gelenke: erst Handwurzel- bzw. Sprunggelenk, dann Ellenbogen- bzw. Kniegelenk. Vielleicht können Sie schon den Schmerz lokalisieren.

Zur Diagnosesicherung und Behandlung sollten Sie trotzdem den Tierarzt aufsuchen.

Wirbelsäulenerkrankungen

Besonders heimtückisch sind Schäden der Wirbelsäule. Oft täuschen sie Erkrankungen der Vorder- oder Hinterbeine vor. Am häufigsten ist die sogenannte **Dackellähme**. Gefährdet sind nicht nur Dackel, sondern auch Basset, Pudel, Pekinesen, Spaniel und Beagle.

Bei dieser Erkrankung führt ein Bandscheibenvorfall zu einem Druck auf das Rückenmark und die daraus abgehenden Nerven. Bei der leichten Form zeigt der Hund einen verspannten Rücken, einen klammen Gang und weigert sich, Treppen zu laufen. Der Zustand kann sich im Laufe der Zeit verschlechtern und zu Lähmungen der Hinterhand führen. Oder das Tier ist plötzlich gelähmt und schleift die Hinterbeine nach. Wenden Sie sich wegen der Behandlung sofort an den Tierarzt.

Vorbeugend sollte man bei den gefährdeten Rassen Treppensteigen, Hochspringen und Männchenmachen meiden. Auch Übergewicht belastet die Wirbelsäule und begünstigt die Erkrankung.

Der Tierarzt oder die Tierärztin Ihrer Wahl

Falls es Ihr erster Hund ist und Sie noch keinen Tierarzt kennen und in Anspruch nehmen mußten, fragen Sie ruhig andere Hundebesitzer. Denn über kurz oder lang werden Sie einen Tierarzt benötigen – und sei es nur für die vorgeschriebenen Impfungen und die Entwurmung. In der Stadt haben Sie eine größere Auswahl an Kleintierpraktikern. Das macht es Ihnen leichter, den Tierarzt Ihrer Wahl zu finden. Wichtig ist, daß Sie Vertrauen zu ihm haben und mit ihm zum Wohl Ihres Hundes zusammenarbeiten. Bei komplizierten Erkrankungen und schwierigen Operationen wird Sie der Tierarzt, wenn er nicht die nötige Erfahrung oder Ausrüstung hat, gerne an einen Spezialisten oder an eine Klinik überweisen.

So – das wär's erst mal. Genug über Krankheiten; schließlich sind wir auf den Hund gekommen, um mit ihm zusammen Freude zu haben.

Literatur

FEDDERSEN-PETERSEN, DORIT: Hundepsychologie. Stuttgart 1989.
MIDDELHAUFE, SABINE: Unser Hundekind. Stuttgart 1991.

RAKOW, BARBARA: Der homöopathische Hundedoktor. Stuttgart 1989.
SCHNEIDER, ANITA und WOLFGANG: Hundekrankheiten. Stuttgart 1987.

Register

Abmagerung 9, 31, 32
Allergien 8, 26
Analbeutel 50
Arthrose 8, 9, 59, 60
Atemfrequenz 21, 24
Atemnot 13, 49
Atmung 21
Atmungsorgane 46
Augenausfluß 28, 29
Aujeszkysche Krankheit 40

Baden 33
Bandscheibenschaden 9
Bandscheibenvorfall 8, 26
Bandwürmer 32
Bänderriß 8, 9
Beatmung, künstliche 21
Beißereien 25
Beißschutz 13
Bindehautentzündung 44
Blutohr 46
Blutungen 24
Brunst 52

Dackellähme 8, 61
Darmverschluß 10
Demodex canis 44
Diabetes 9
Durchfall 8, 11, 28, 29, 31, 32, 50
Durst 11

Ektropium 45
Ekzeme 33
Entropium 45
Entwurmung 30
Erbrechen 8, 28, 29, 31, 49, 50
Erste Hilfe 21

Fehldeckung 55
Fieber 9, 28, 29, 50
Fieberthermometer 14, 19, 20
Flöhe 43
Fremdkörper
– Auge 45
– Ballen 9

– Fell 33
– Luftröhre 47
– Nase 11, 47
– Ohr 11, 46
– verschlucken 10, 12, 48, 49
– zwischen Zähnen 11
Fütterung 39

Gebärmutterentzündung 10, 12, 52, 54, 57
Geburt 57, 58
Gehirn 9
Gehörgangsentzündung 39, 46
Gelbsucht 28, 29
Gelenke 58
Gesäugetumor 54, 58

Haarausfall 10
Haarkleid 32
Hakenwürmer 31
Harnblasenentzündung 51
Harnsteine 51

Harnwegserkrankungen 8
Hartballenkrankheit 28
Hausapotheke 19
Hautentzündungen 41
HCC 28
Hepatitis contagiosa canis 28
Herz-Kreislauf-System 21, 22
Herzerkrankungen 8, 47
Herzmassage 22
Herzmuskelentzündung 29
Herzschlag 23
Hoden 51
Hüftgelenksdysplasie 59
Husten 9, 28, 29, 47

Impfungen 28, 30
Infektion 46
Innenohr 9
Insektenstiche 26

Juckreiz 40, 43

Kastration 52, 54
Kniescheibenluxation 60
Knochenbrüche 9, 24
Knochenwachstums-störungen 58
Kotprobe 30
Körpertemperatur 14
Krallenpflege 34
Krankenpflege 13
Kreislaufschwäche 49

Lahmheit 9, 60, 61
Lähmungen 26, 28
Läufigkeit 52
Läufigkeitsunterdrückung 53, 54
Leber 10

Leberentzündung, ansteckende 28
Leptospirose 20, 50
Luftröhrenkollaps 47
Lungenentzündung 28, 29, 31, 47

Magen-Darm-Krankheiten 10, 49
Mandelentzündung 48
Medikamente 20
Medikamenteneingabe 15
Milben 43, 44
Milchdrüsenentzündung 53
Mineralstoffe 10, 40
Muskelriß 9

Nasenausfluß 11, 28, 29
Nierenentzündung 9, 51
Nierenerkrankung 11, 29, 41
Niesen 11

Östrus 52
Ohnmacht 24
Ohrenentzündung 8
Ohrenpflege 34
Ohrmilben 11

Parasitenbefall 42
Parvovirose 29, 50
Peitschenwürmer 32
Pfotenverletzung 19
Pilzinfektion 10, 41, 46
Plastikkragen 16
Prostata 12
Pseudowut 40
Puls 22, 23

Räude 10
Räudemilben 44

Sarcoptes canis 44
Scheidenausfluß 12
Scheinträchtigkeit 8, 53
Schock 24
Schutzjäckchen 19
Selbstbeschädigung 16
Sexualzyklus Hündin 53
Speichelfluß 11, 29
Spulwürmer 31
Spurenelemente 40
Staupe 28, 47, 50
Stuttgarter Hundeseuche 29

Tollwurt 10, 29
Trächtigkeit 57
Tränenfluß 11, 44
Tumore 9, 10, 11, 47, 48, 51

Verbände 19
Vergiftungen 10, 26, 27, 50
Verkehrsunfall 22
Verrenkung 24
Verstauchung 8
Verstopfung 11, 50
Virusinfektion 28, 29
Vitamine 10, 40
Vorhautentzündung 52

Wachstumsstörung 10
Wirbelsäulenerkrankung 9
Wurmbefall 9, 10, 30, 41, 47, 50

Zahnfistel 48
Zahnstein 39, 48
Zähne 11, 39
Zecken 42
Zuckerkrankheit 11
Zwingerhusten 29, 47
Zwischenzehenekzeme 33